DER STADTVERFÜHRER

MIT ANEKDOTEN UND GESCHICHTEN DURCH WEIMAR

EIN STADTRUNDGANG DER BESONDEREN ART

JÜRGEN BENS

TOURIST Verlag

Jürgen Bens, 1962 in Weimar geboren, lebt und arbeitet freiberuflich als Stadtführer, Kirchenführer und Autor in der Klassikerstadt. Herangeführt wurde er an die deutsche Klassik von seiner Mutter, die über vierzig Jahre lang im Goethe-Nationalmuseum arbeitete und ihn für die Werke von Goethe und Schiller begeisterte. Viel Zeit in seiner Jugend verbrachte er in Weimarer Museen, man könnte fast sagen, er ist in ihnen aufgewachsen. Und von seinem Vater bekam er den Willen durchzuhalten. Dieses Buch ist mittlerweile sein drittes Werk. Seine erste Veröffentlichung, »Der gekochte Goethe«, erschien im April 2014 und die zweite Herausgabe, »Das Königreich der Pflanzen«, im November 2015.

Alle Publikationen sind seinen Eltern, seiner Frau Bettina und seinen Kindern Charlotte und Eleonore gewidmet.

INHALTS-
VERZEICHNIS

**Extra-Stopps des längeren Stadtrundgangs*

Bei einem Umtrunk im Auerbachs Keller in Leipzig, wo Goethe mit seinen Studentenfreunden zechte und plauderte, behauptete ein Kommilitone, man könne doch unmöglich auf alles einen Reim finden. Goethe hielt dagegen und forderte zwei beliebige Worte und fünf Minuten Zeit. Er bekam die Worte »Haustürglocke« und »Mädchenbusen« präsentiert. Nach fünf Minuten kam Goethe mit folgendem Gedicht heraus:

»Der Mädchenbusen in der Hand
die Haustürglocke an der Wand,
zwei Dinge sind's, die nah verwandt.
Denn wenn man leise sie berührt,
man oben innen deutlich spürt,
dass unten draussen einer steht,
der sehnsuchtsvoll nach Einlass fleht.«

Respekt, Herr Goethe.

VORWORT? VORWORT!

Meine Damen und Herren, ich möchte hier etwas ganz Neues vorstellen: nichts weniger als die anekdotische Bagatellisierung des Unfassbaren. Dieses Buch ist für Gäste gemacht, die die Stadt gerne auf eigene Faust erkunden wollen – abseits der normalen Wege und abseits der normalen Geschichten. Sie bekommen Erzählungen und Anekdoten zu hören, die selbst Einheimischen nicht bekannt sind. In normalen Stadtführern bekommen Sie diese nicht zu lesen. In diesem schon.

Die Frage lautet: Wie konnte ein so mickriges Nest, welches bei Goethes Ankunft 1775 gerade einmal 6000 Einwohner zählte, zu Weltruhm aufsteigen? War es Zufall, göttliche Vorsehung oder hatte Mephisto seine Hand im Spiel? Dazu später mehr. Wir werden die Geheimnisse der Dichter aufdecken, etwas über die Mysterien des Goethe-und-Schiller-Denkmals lesen und erfahren, warum das Hotel Elephant am Markt aus Briefmarken erbaut wurde. Wir werden beleuchten, welche Beziehungen und Liebschaften Goethe hatte und ob Schiller tatsächlich mit zwei Frauen gleichzeitig anbändelte. Oder sogar mit dreien?

Welche Geheimnisse verbergen sich noch in dieser kleinen Stadt, die doch zu großen Teilen UNESCO-Weltkulturerbe ist?

In zwei Stadtrundgängen, einem kürzeren und einem längeren, werden viele spannende Anekdoten und Histörchen erzählt. Denn in Weimar ist man in der glücklichen Lage, unglaubliche Geschichten an fast jeder Ecke schildern zu können. Doch bevor wir unseren Rundgang durch Weimars Geschichte auf dem Marktplatz beginnen, starten wir mit einer kurzen Stadthistorie.

Lassen Sie sich verführen!

EINE STADTHISTORIE – KURZGEFASST

Beginnen wir beim Weimarer Urahnen. In Ehringsdorf, einem Stadtteil im Süden Weimars, wurde 1925 das Skelett des »Ehringsdorfer Urmenschen« gefunden, dessen Alter auf etwa 200 000 bis 250 000 Jahre geschätzt wird. Dabei handelt es sich um die fossilen Überreste einer etwa 20- bis 30-jährigen Frau. Also eigentlich eine »Urmenschin«. Ihr Name ist leider nicht überliefert.

Die ältesten Aufzeichnungen über Weimar reichen bis ins Jahr 899 zurück. Der Kaiser Arnulf von Kärnten erwähnte in diesem Jahr auf einer Urkunde die Siedlung »Vvigmara«. Dieses Dokument war wohl die Geburtsurkunde der Stadt. Der Stadtname änderte sich im Laufe der Jahrhunderte von »Wimares« über »Wimari« zu »Wimar« und letztlich zu »Weimar«. Was aus dem altgermanischen Wort *wih* für heilig und dem althochdeutschen *mar* für See, Sumpf oder Moor abgeleitet wird. Übersetzt heißt die Stadt also »heiliger Sumpf«.

Dann existierte wohl eine Grafschaft Weimar. Im Jahr 1250 ist auch erstmals die Rede von einer Gemeinde, die sich im Schutze einer Burg gebildet hatte. Zwischen 1245 und 1249 wurde eine erste Kirche erbaut und den beiden Aposteln Peter und Paul geweiht. Im Jahr 1406 bekam Weimar eine eigene Landesmünzstätte, die Stadtrechte

Ehringsdorfer Urmensch aus Albrecht von Heinemanns »Der Schatzgräber von Ehringsdorf«

aber erst ab etwa 1410. Geld vor Recht, sozusagen. Der auf diese Vergabe folgende Aufschwung wurde bald, im Jahr 1424, von einem verheerenden Stadtbrand zunichtegemacht. Gegen die damals ständigen Überfälle entstand eine doppelte Stadtmauer mit zehn Türmen und vier zusätzlich befestigten Toranlagen. Reste dieser Stadtbefestigung sind auch derzeit noch vorhanden, so unter anderem der Kasseturm am Goetheplatz. Heute ist dort der »Studentenclub Kasseturm« untergebracht, genannt »Unser dickster Freund«.

Doch dann ging es richtig los mit der Stadt. Die Reformation und Luther hinterließen ihre Spuren, die ersten berühmten Citoyens kamen nach Weimar, in diesem

Fall war es Johann Friedrich der Großmütige; er wählte nach dem Verlust des Kurkreises Wittenberg die Kleinstadt zu seiner neuen Residenz. Mit ihm kamen die Maler Cranach, der Ältere und der Jüngere, beide hatten den Vornamen Lucas. In Weimar wurde der reformatorische Glaube Staatsreligion, was die Bürger allerdings sehr ärgerte. Da es nun keine Feiertage für die katholischen Heiligen mehr gab, mussten sie etwa 30 Tage mehr im Jahr arbeiten.

1708 betrat Johann Sebastian Bach als Hoforganist und Konzertmeister der Hofkapelle die Bühne und verließ die Residenz des Herzogs 1717 wieder. Denn der hatte ihn »wegen seiner halsstarrigen Bezeugung« ins Gefängnis werfen lassen. Und dann nahte Anna Amalia. Sie wurde mit 16 Jahren nach Weimar verheiratet, ob sie wollte oder nicht, und bekam zwei Söhne. Zum Glück. Wenn sie Mädchen bekommen hätte, wäre das Herzogtum wohl mangels Nachfolger aufgelöst worden, und der wichtigste Vertreter der Weimarer Klassik hätte nie die Tore der Stadt passiert. Es war der 7. November 1775, als Johann Wolfgang Goethe die Stadtgrenze Weimars erstmals überschritt. Gut Freund mit dem Herzog Carl August prägte er Weimar für alle Zeiten. Die Anfangszeit war aber stürmisch. Die Freunde amüsierten sich oft auf Kosten Untergebener. Rauschende Feste wurden gefeiert, Gläser und Flaschen flogen aus den Fenstern, man knallte mit Peitschen auf dem Marktplatz herum und plünderte Friedhöfe, indem man Urnen ausgrub, die wiederum für Trinkgelage genutzt wurden. Man trieb es wild, der Herrscher nutzte seine Stellung schamlos aus, Bauernmädchen waren seine bevorzugte Beute. Doch Goethe schaffte es, ihn mit der Zeit zu zähmen, und die kleine Gemeinde wandelte sich immer mehr in den Musenhof, den wir heute noch kennen. 1791 erfolgte die Gründung des Weimarer Hoftheaters, das Goethe bis 1817 leitete. Und der Mythos Goethe zog später alle anderen in die Stadt: Schiller, Herder, Liszt, das Bauhaus … Nur Wieland war schon vorher da, als Prinzenerzieher.

Und so sehen wir heute diesen Ort, geprägt durch Dichter und Denker, Musiker und Baumeister.

Eröffnen wir unseren Rundgang also am Marktplatz.

DER MARKTPLATZ

SCHILLER, ELEPHANT UND CRANACH

Der Marktplatz ist sehr alt und in seiner jetzigen Form um 1400 nicht als Marktplatz, sondern als Ritterturnierplatz angelegt worden. Das erklärt seine Größe, immerhin misst er etwa 60 x 60 Meter. Im 16. Jahrhundert wurde der Platz erstmals gepflastert und mit Neubauten der Renaissance umgeben. Das Äußere des Marktplatzes änderte sich wieder, als 1837 das alte Renaissance-Rathaus abbrannte. An seiner Stelle wurde das heutige Bauwerk im neogotischen Stil errichtet. Dadurch konnte der Platz um fast das Doppelte erweitert werden. Dazu gibt es auch eine Tafel, die links vom Rathaus auf dem Boden des Marktplatzes eingelassen ist. Diese erinnert an Jean Paul, einen Literaten, der respektvoll in Weimar aufgenommen wurde, doch blieb das Verhältnis zu Klassikern wie Goethe und Schiller eher kühl und distanziert. Über der Uhr des Rathauses sehen wir einen kleinen Turm, in welchem ein Glockenspiel aus Meißner Porzellan die Stunde schlägt, bereits seit 1987. Es sind 35 Glocken unterschiedlicher Größe, die elektronisch gesteuert werden, sodass man jedes Lied intonieren kann. Etwa viermal am Tag werden Lieder gespielt, die allesamt mit Weimar oder den Dichtern zu tun haben.

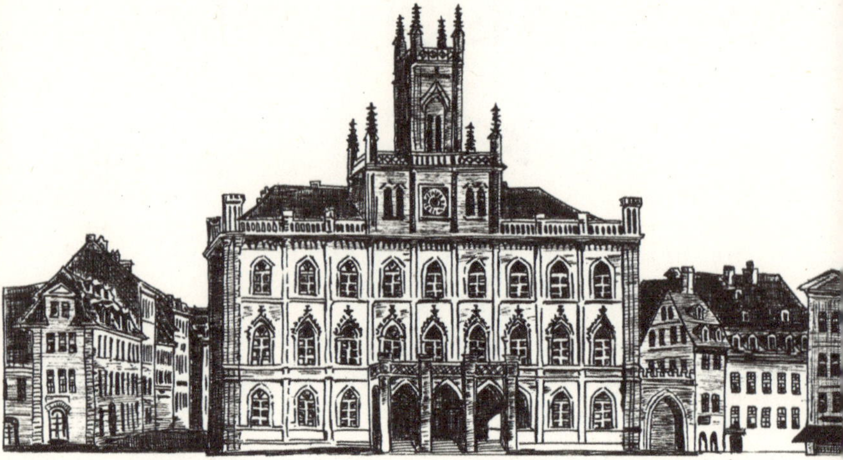

Rathaus

Besonders beliebt ist Schillers *Ode an die Freude*, die von Beethoven in seiner 9. Sinfonie in d-Moll op. 125 auf unnachahmliche Weise vertont worden ist. Ohne ihn wäre dieses Gedicht sicherlich nicht so berühmt geworden – seit 1972 ist die *Ode an die Freude* sogar die Europahymne. Wenn die Europaabgeordneten allerdings gewusst hätten, welche Geschichten mit diesem Gedicht verbunden sind, wären sie vielleicht doch schwer ins Grübeln kommen.

Denn eigentlich müsste sie »Ode an den Wein« heißen. Es ist das Werk eines jungen Mannes, der einige Monate des Sommers 1785 in Gohlis, damals ein Dorf und heute Stadtteil von Leipzig, verlebte. 26 Jahre alt war Friedrich Schiller (1759–1805), als er diese Verse schrieb und vielleicht zum ersten Mal in seinem Leben richtig glücklich war. Er war endlich dem Kasernenhofdrill seines württembergischen Landesherrn entflohen und wurde nun von seinem Freund, dem sächsischen Juristen Christian Gottfried Körner (1756–1831), eingeladen, eine Weile sein Gast zu sein. Hier schrieb der Dichter seine weltberühmte Ode. Minna Stock (1762–1843), eine der jungen Damen des neuen Schiller'schen Freundeskreises, hat in einem Brief über ein Frühstück im heutigen Schillerhäuschen im Loschwitzer Weinberg darüber berichtet:

»Bereits um die Morgenstunde kreisten die Pokale, Schiller stieß in seinem Enthusiasmus so heftig mit mir an, daß das Glas zerbrach und der Rotwein über das Tischtuch floss. ›Eine Libation für die Götter! Gießen wir unsere Gläser aus‹, rief Schiller, und die Freunde folgten seinem Beispiel.«

Der Wein floss in Strömen, man wurde immer ausgelassener, Gläser flogen durch die geschlossenen Fenster in den Garten. Und Schiller dichtete. Die Ode war also ursprünglich ein Trinklied, aber natürlich auch mehr als das. Es war eine Abrechnung mit den Nörglern und Kleingeistern der Zeit, eine Attacke auf klerikale Enge und auf Standesgrenzen. Denn der berühmte Vers »Alle Menschen werden Brüder« hatte in der Erstfassung noch gelautet »Bettler werden Fürstenbrüder«. Und eine Strophe, die Schiller später wieder tilgte, ließ jedem braven Kirchenmann die Haare zu Berge stehen: »Auch die Toten sollen leben! / Brüder trinkt und stimmet ein, / Allen Sündern soll vergeben / Und die Hölle nicht mehr sein.« Und getrunken wird nicht metaphorisch Feuer, Freude oder Menschenliebe, sondern eben ganz ordinärer Wein. Wie so oft bei Schiller. Schnell verbreitet, bald gedruckt, wurde es sofort zum »Gassenhauer«. Dutzendfach war es bereits vertont worden, ehe sich Beethoven daranmachte, und da waren fast 40 Jahre seit der Entstehung des Gedichts vergangen. Nach der Uraufführung am 7. Mai 1824, die Beethoven selbst dirigierte, drehte er sich um, damit er das applaudierende Publikum sehen konnte. Hören konnte er die Symphonie und die Menschenmenge allerdings nicht mehr. Er war taub.

Nun wenden wir uns der Südseite des Marktes zu und gehen wenige Schritte zur wohl berühmtesten Unterkunft Weimars, zum Hotel »Elephant«. Es ist die traditionsreichste Herberge der Stadt. In klassischer Zeit war es das »Vorzimmer zu Weimars lebender Walhalla«, wie es der Österreicher Franz Grillparzer (1791–1872) ausdrückte. Und mit seinem Roman *Lotte in Weimar* setzte Thomas Mann (1875–1955) dem »Elephant« ein literarisches Denkmal. Unter den illustren Stammgästen waren auch Goethe und Schiller, die dort ihren Wein schlürften und feierten. Die Gästeliste umfasste noch weitere klingende Namen, darunter Felix Mendelssohn Bartholdy, Clara Schumann, Richard Wagner, Franz Grillparzer, Leo Tolstoi, Franz Liszt, Anton Rubinstein, Hans Christian Andersen und viele mehr. Es ist eines der ältesten Hotels in Weimar und wurde im Jahre 1696 als Wirtshaus vom fürstlichen Mundschenk Christian Andreas Barritig gegründet. Ursprünglich war es aber nur halb so groß wie heute. Es erhielt sein jetziges Äußeres erst in den 30er Jahren des vergangenen Jahrhunderts.

1937 wurden das historische Hotelgebäude und zwei sich östlich anschließende Nachbarhäuser wegen angeblicher Baufälligkeit abgerissen. Denn es war ein Adolf Hitler, Schriftsteller aus München, der den »Elephant« zu seinem Lieblingshotel erkor, allerdings erst, nachdem die bald kursierenden Neubaupläne verwirklicht waren. Das alte Hotel hielt er in seiner Großmannssucht wohl schlicht

Marktplatz, Südseite

für unzumutbar. Der Architekt Hermann Giesler gestaltete nach Wünschen des Führers das Hotel vollständig neu. Zu der Einweihung des Neubaus übernachtete Hitler das erste Mal in der für ihn extra gebauten »Führersuite«, die es heute immer noch gibt. Hitler bestimmte auch, dass für ihn der Balkon in der ersten Etage angebaut werden musste. Ein typischer Rednerbalkon. Dort stand er und ließ sich bei seinen Aufenthalten in Weimar von der Bevölkerung mit folgendem Vers auf den Balkon des Hotels rufen: »Lieber Führer, komm heraus aus dem Elefantenhaus!« Und zum 50. Geburtstag Hitlers, den er in Weimar verlebte, am 20. April 1939, wollte SS-Obersturmbannführer Otto Eberhardt seinem Führer etwas Besonderes schenken, etwas Erbauliches im Namen des Landes Thüringen: das Gemälde einer unbekleideten Frau, der nur 35 x 22 Zentimeter kleinen »Venus« von Cranach. Der prüde Hitler war aber wohl nicht so erfreut. Seit Ende des Zweiten Weltkrieges gilt sie als verschollen. Wahrscheinlich hängt sie heute in einem amerikanischen Wohnzimmer.

Hitler bezahlte den Neubau zum großen Teil aus seinem Privatvermögen. Doch woher stammte eigentlich das Geld, mit dem er so großzügig umging?

Primo: Hitler erhielt viele Spenden, nicht nur aus der deutschen Industrie, sondern auch aus Amerika. Zum Beispiel überwies die Ford-Werke AG jährlich 50 000 Reichsmark als Geburtstagsgeschenk auf Hitlers Privatkonto beim Kölner Bankhaus J. H. Stein. Nicht ohne Grund wurde Henry Ford von Hitler mit dem Großkreuz des Deutschen Adlerordens ausgezeichnet, der höchsten Auszeichnung, die Deutschland damals an Ausländer zu vergeben hatte.

Secundo: Nahezu acht Millionen Reichsmark an Tantiemen bekam er für sein staatlich zum Bestseller gemachtes Buch *Mein Kampf*. Ein weiteres Manuskript Hitlers, das 1928 entstand, wurde zum Glück nicht zu seinen Lebzeiten veröffentlicht.

Tertio: Ein weiteres Vermögen floss ihm aus Anteilen des Verkaufs von Briefmarken und Bildern mit seinem Porträt zu. Denn auch ein Hitler hatte ein »Recht am eigenen Bild«.

Aus diesen Quellen konnte der Neubau des Hotels in Weimar finanziert werden – Briefmarken, Bestseller und Spenden aus Amerika. Man könnte lachen, wenn es nicht so traurig wäre.

Im Jahre 1906 logierte auch Lyonel Feininger (1871–1956) bei seinem ersten Aufenthalt in Weimar zwei Wochen im »Elephant«. Heute trägt die ehemalige Suite Hitlers seinen Namen. Später, zu DDR-Zeiten, wohnte auch Erich Honecker darin. Nach der deutschen Wiedervereinigung wurde die Suite zeitweise von Udo Lindenberg belegt, der dort seine Gemälde aus Likör aufhängen durfte – er nannte sie Likörelle –, und viele Jahre trug sie seinen Namen.

Rechts neben dem »Elephant« befindet sich ein weiteres Gasthaus, der »Schwarze Bär«. Beide Etablissements sind nach starken Tieren benannt, üblich für die damalige Zeit, »Gasthof zum Regenwurm« würde ja auch komisch klingen. Beim »Bär« kann man leicht erklären, wie der Name zustande kam. Bären gab es natürlich auch damals in Deutschland, beim »Elephant« ist das schon schwieriger, solche hat es hier schließlich nie gegeben. Eine Geschichte, die in Weimar kursiert, geht so: Der Gründer Andreas Barritig nannte das Hotel »Elephant« nach dem Hinterteil seiner Tochter Maria. Gemein, oder?

Wir begeben uns weiter zur Ostseite des Marktes, zu dem doppelten Renaissancegebäude, einmal rosa, einmal blau. Hier lebten im 16. Jahrhundert die Maler Lucas Cranach der Ältere (um 1472–1553) und sein Sohn Lucas Cranach der Jüngere (1515–1586). Der erst 1552, als bereits 80-Jähriger, nach Weimar gekommene Maler gründete vor seinem Tod in diesem Haus noch eine Werkstatt und nahm zwei Schüler auf. Er selbst war trotz seines Alters noch aktiv und entwarf in seinem Atelier, der Mansarde unter dem Dach, das Konzept des berühmten dreiflügeligen Altargemäldes, welches heute in der Weimarer Stadtkirche St. Peter und Paul (Herderkirche) zu besichtigen ist. Ausgeführt wurde das Werk aber von seinem Sohn und den Angehörigen der Malerwerkstatt.

Das Cranachhaus ist das linke von zwei nahezu identischen Häusern an der Ostseite des Marktplatzes, direkt gegenüber dem Rathaus. Erbaut wurde es vom Baumeister Nikolaus Gromann (um 1500–1566). Das auffällige, mit Säulen, Muschelnischen und Rundbogen-Ornamenten reich verzierte Haus ist ein bedeutender und denkmalgeschützter Renaissance-Bau, welcher im Zweiten Weltkrieg stark beschädigt und später originalgetreu wieder aufgebaut wurde. Über dem rechten Bogen des Cranachhauses befindet sich das Wappen des Malers: die geflügelte Schlange. Cranach verbrachte in diesem Haus sein letztes Lebensjahr.

Nicht so bekannt ist, dass die Cranachs keineswegs so hießen. Der Ältere wurde in Kronach, also in Franken, als Lucas Maler geboren und nannte sich später nach seiner Geburtsstadt »aus Kronach«, woraus dann das heute noch gebräuchliche »Cranach« wurde. Er hatte fünf Kinder, die bekanntesten waren sein Sohn Lucas, der in seine Malerfußstapfen treten sollte, und seine Tochter Barbara. Diese heiratete 1543 den sächsischen Kanzler Christian Brück, dessen Leben allerdings ein schlimmes Ende nehmen sollte. Er ließ sich mit dem Raubritter Wilhelm von Grumbach ein und wurde am 18. April 1567 auf dem Marktplatz von Gotha gevierteilt. Diese Hinrichtung erfolgte durch Zerren und Auseinanderreißen der Arme und Beine des Verurteilten mittels vier Pferden, sodass drei der Gliedmaßen vom Rumpf abgetrennt wurden. Keine schöne Todesart.

Interessanterweise war Goethe über die mütterliche Linie im neunten Glied mit Cranach direkt verwandt und gehörte zur Ahnengemeinschaft der »Cranachiden«, den Nachfahren Cranachs, zu denen sich im 17. und 18. Jahrhundert zahlreiche Gelehrte zählten. Darüber hinaus identifizierte sich Goethe offensichtlich mit Cranachs Funktion am Weimarer Hof und sah sich in gewisser Weise als sein Nachfolger. Bei einem Gespräch mit dem Herzog Carl August brachte er auch seinen Wunsch zum

Ausdruck, seinem Regenten ebenso treu zur Seite zu stehen wie Cranach, der seinem Herzog Johann Friedrich in die Gefangenschaft folgte.

Im unteren Teil des Cranachhauses sehen wir vier Rundbögen, und im dritten von links befinden sich heute noch zwei Sitzsteine, im Volksmund »Tratschsteine« genannt. Dort saßen bei schönem Wetter die Mägde und machten ihre Arbeit. Und sie zogen natürlich über ihre Herrschaft und die Vorbeigehenden her, sie »tratschten« eben. Außerdem wurden diese Steine als Heiratsmarkt benutzt. Wenn man viele Töchter hatte, die noch nicht verheiratet waren, setzte man sie in ihren guten Gewändern dorthin, damit die Herren sie sich beschauen konnten. Möchten die Damen es vielleicht einmal probieren?

Links neben dem Cranachhaus befindet sich das Stadthaus, ein grün-weißer Renaissance-Bau aus dem 15. Jahrhundert. Das Gebäude wurde im Jahre 1432 von

Marktplatz, Nordseite

Landgraf Friedrich dem Einfältigen der Stadt überlassen und blieb seitdem stets in städtischer Hand. Damals war es ein Bürgerhaus mit einer Schankstube im Keller. In den Jahren 1526 bis 1547 wurde es als Rats- und Handelshaus genutzt. Im Erdgeschoss befanden sich Verkaufsstände von Bäckern, Fleischern und Schuhmachern. Zur Goethezeit wurde es umfunktioniert und es fanden hier Maskenbälle, Konzerte und Vorträge statt. Im Zweiten Weltkrieg wurde es durch einen Bombenangriff am 9. Februar 1945 völlig zerstört, die Ruine 1956 abgetragen. Beim Wiederaufbau 1968–1971 wurde die historische Fassade wiederhergestellt, das Innere aber modern ausgebaut. Hier befindet sich heute auch die Touristinformation, eine der wichtigsten Institutionen in Weimar.

Um den Rundgang auf dem Markt abzuschließen, begeben wir uns nun noch zur Nordseite, welche die schlimmste Veränderung während des Zweiten Weltkrieges erfuhr – fast die gesamte Häuserzeile wurde in Schutt und Asche gelegt. Das einzige Gebäude, welches nicht vollständig zerstört wurde, war die Hofapotheke, 1567 erbaut. Da die Häuser aber im Stützverband gebaut waren, sich also gegenseitig Halt gaben, wurde auch sie später abgerissen. Nicht aber, ohne vorher das Interieur zu retten, inklusive der mittelalterlichen Schriften und Rezepte. Dabei wurden wichtige Erkenntnisse gewonnen, zum Beispiel, dass Weimars Herzog Carl August hier sein Hämorridenpulver kaufte. Außerdem konnte man den mittelalterlichen Erker, die Fenstergesimse und den Torbogen retten, sie wurden später wieder eingefügt.

Doch bis es zum Wiederaufbau kommen sollte, war der Marktplatz 43 Jahre lang auf dieser Seite offen, eine Wunde, die erst viel später wieder geschlossen werden konnte.

Bis 1988 war auf der nördlichen Seite des Marktes buchstäblich nichts, nur eine Rasenfläche. Erst kurz vor dem Ende der DDR wurde mit dem Wiederaufbau begonnen. Aus Kostengründen waren ursprünglich die berüchtigten DDR-Plattenbauelemente für die neue Marktnordseite geplant, zum Glück für Weimar passierte dies aber nicht.

Wir verlassen nun den Platz und begeben uns rechts in Richtung Schloss zum Burgplatz und dem »Grünen Markt«. Hier befindet sich das Residenz Café, es ist das älteste, heute noch bestehende Kaffeehaus Weimars. In Weimar wird es einfach »Resi« genannt. Es wurde am 7. November 1839 vom Hofkonditormeister August Emil Theodor Ißleib gegründet. Früher war es ein Zeughaus, in dem Waffen und Soldaten untergebracht wurden. Heute genießt man hier zum Glück lieber Speisen und Getränke. Viele berühmte Gäste besuchten das Café, meistens Männer, zum Beispiel Ex-Kanzler Gerhard Schröder, Kabarettist Dieter Hildebrandt oder Talkmaster Günther Jauch, aber auch eine prominente Dame hat hier ihre Spuren hinterlassen: Marlene Dietrich. Sie hielt sich 1918 bis 1921 als Musikschülerin in Weimar auf, in der Zeit der galoppierenden Inflation. Folgende Anekdote ist von ihr überliefert: Sie saß mit ihren Freundinnen bei Kaffee und Eis im Residenz Café und bekam die Hunderttausende oder Millionen Mark für ihre Zeche nicht zusammen. Eine Freundin beglich mit einem Dollar die Rechnung. Marlene war schon drauf und dran gewesen, ihre goldene Uhr als Pfand zu hinterlassen. Wir werden Marlene Dietrich später noch einmal begegnen.

Gegenüber befindet sich das »Gelbe Schloss«, ein denkmalgeschütztes Barockgebäude aus dem Jahre 1704, welches als Witwensitz für die Herzogin Charlotte Dorothea Sophie (1672–1738) errichtet wurde. Am 4. November 1694 heiratete sie in Kassel Herzog Johann Ernst III. von Sachsen-Weimar (1664–1707). Sie überlebte ihren Ehemann um 31 Jahre. Besonders interessant am Gebäude sind aber die eisernen Majuskeln (von lateinisch maiusculus »etwas größer«) »C.D.S.D.S.L.H.H.«, welche sich über die gesamte Nordfassade verteilen. Es sind die Initialen für »Charlotta Dorothea Sophia Duchessa Saxoniae Landgrafina Hasso Homburgiae«. Nun wissen Sie aber auch noch nicht viel mehr. Einmal für Sie übersetzt: »Charlotta Dorothea Sophia Herzogin von Sachsen und Landgräfin von Hessen und Homburg«. Aus der Geschichte des Gebäudes hat sich hierfür aber noch eine andere Bedeutung durchgesetzt: Das Gebäude wurde nach der Gründung des Landes Thüringen am 1. Mai 1920 zum Sitz des Thüringischen Finanzministeriums. Also kein Gebäude, welches zu den beliebtesten Bauwerken der Stadt gehörte. Und die frechen Einwohner Weimars dichteten die Inschrift um. Sie heißt für uns jetzt: »Carl Du Solltest Deine Steuern Längst Hergebracht Haben.«

Wir überqueren die Straße und begeben uns zum Stadtschloss und zur Bastille.

DAS WEIMARER RESIDENZSCHLOSS MIT BASTILLE

FEUER, WASSER UND BACH

Die heutige Gestalt des Weimarer Stadtschlosses hat sich in über tausendjähriger Bauzeit entwickelt. Die Anlage ging aus einer mittelalterlichen Wasserburg hervor und wurde Ende des 10. Jahrhunderts erstmals urkundlich erwähnt. Ein Muschelkalkfelsen am Ilmhang gab einen festen Bauplatz ab, denn dort, wo heute Weimar steht, war ein gar garstig-sumpfiges Gebiet. 1299 brannte die vermutlich größtenteils hölzerne Burg ab. Das nächste Feuer kam 1424, als Weimar ständige Residenz der Herzöge wurde. Danach folgte eine weitreichende Umgestaltung des Komplexes. Doch nicht nur Feuer bedrohte die Existenz Weimars. Am Sonnabend vor Trinitatis, dem 29. Mai 1613, kam es zur sogenannten »Thüringer Sintflut«. Schwere Gewitter ließen in weiten Teilen des Landes viele Flüsse innerhalb weniger Stunden um mehrere Meter ansteigen. Zwölf Stunden lang ergossen sich die Wolkenbrüche über die Stadt. Das Wasser brach durch alle Gräben, auf allen Wegen und Äckern herein:

»[auf] daß niemand weder zu Roß noch zu Fuß aus- oder einkommen [könne] und am Frauenthore gieng das Wasser bis an das Marienbilde und fiel zu den Schießlöchern herein. Regenwasser, Treibgut und Schlamm drücken gegen die Wohnhäuser und bringen sie zum Einsturz.«

Zum Verständnis: Besagtes Marienbild befand sich rund neun Meter über dem Stadtgraben. In Weimar wurden bei der Flutkatastrophe 44 Häuser zerstört; 65 Menschen in der Kernstadt und weitere 27 in Oberweimar und Ehringsdorf kamen ums Leben. Der Wasserspiegel der Ilm stieg um sechs Meter an und überschwemmte die gesamte Stadt. Die Gesamtzahl der Todesopfer im Thüringer Raum wird mit 2261 Menschen angegeben. Der Chronist Abraham Lange war der Erste, der die Ereignisse zusammenfasste und folgenden Bericht schrieb:

»Die schrecklich grosse Wasser Flvth
welch war ein Straf vnd Gottes Rvth
hat im 1613. Jahr als der 29. Mai war
hinweg gefvhrt an diesem Orth
ein steinern Brvcke vnd dan fort
der Menschn viel auch Vieh ersävft
so all der Ilmstrom mit geschleift
dieselb gantz nev ist widergebawt
von Hoktz zur Stel wie man sie schawt
im Jahr 1615: Aufgefvrt
als Herzgk Jann Ernst der Jvngr regiert.«

1618 brannte das Schloss erneut. Ein Jahr später begann der Wiederaufbau nach Entwürfen des italienischen Baumeisters Giovanni Bonalino (1575–1633). Unter der Bauleitung von Johann Moritz Richter (1620–1667) wurde nach dem Ende des Dreißigjährigen Krieges die geplante Vierflügelanlage zu einer nach Süden offenen, barocken Dreiflügelanlage neu konzipiert. Doch am 6. Mai 1774, gegen ein Uhr mittags, schlugen aus dem Dach des Westflügels schon wieder helle Flammen. Starker Wind fachte das Feuer an, sodass es rasch den Nordflügel und dann den Ostflügel des Schlosses ergriff. Löschversuche erwiesen sich als sinnlos. Selbst die Herzogin musste sich, nur notdürftig bekleidet, ins Freie flüchten. Man konnte nichts anderes tun, als schaudernd zu verfolgen, wie die Anlage ausbrannte. Unter der Hitze barsten die Gewölbe, und der prächtige Festsaal sowie die Hofkirche stürzten krachend in sich zusammen. Einen ganzen Tag lang wüteten die Flammen. Zwei Tage später meldeten die Zeitungen, den Brand hätten empörte Weimarer Bürger gelegt. Kurz zuvor waren nämlich die Viertelsmeister der Stadt, die Helfer der Exekutive und Judikative, eingesperrt worden. Sie hatten sich, wegen der gerade herrschenden Teuerungswelle, geweigert, eine neue Abgabe, den Hebammengroschen, auszugeben. Diese Abgabe sollte die Ausbildung von Hebammen sichern und ein Geburtshaus finanzieren, welches bei der Bevölkerung aber als unschicklich galt. Am Tag nach den Unruhen brannte dann das Weimarer Schloss. Die Bürger der Stadt wurden zu Denunziationen aufgerufen. Obwohl offenbar keine Brandstiftung vorlag, wurden die angeblichen Initiatoren der Unruhen wegen Verschwörung gegen die Obrigkeit zu Geldstrafen verurteilt und des Landes verwiesen. Damit hatte man sich wohl auch der aufrührerischen Bürger elegant entledigt.

Residenzschloss und Bastille

Lediglich der Schlossturm, die angrenzende ältere Bastille sowie der Gewölbekeller mit dem Hauptarchiv blieben unversehrt. Die Bastille (französisch »kleine Bastion«) war ursprünglich eine besonders befestigte Stadttorburg, die später als Gefängnis genutzt wurde. In den Kellergewölben befanden sich seit dem 14. Jahrhundert sogenannte Lochgefängnisse zur Untersuchung und Verwahrung von Häftlingen bis zur Urteilsvollstreckung. Und für den Aufenthalt in der Haftanstalt musste man damals auch noch bezahlen! Wenn man Geld hatte, wurde man einigermaßen gut behandelt und mit Essen und Trinken versorgt, wenn nicht, kam man ins sprichwörtliche »Loch«. Manche der Zellen befanden sich nämlich unter der Erde und waren nur über eine Öffnung in der Decke zugänglich. Daher auch die Redewendung – wenn man ins Gefängnis kommt, sitzt man im Loch.

Die mittelalterliche Gerichtsbarkeit war eben nichts für sanfte Gemüter. Neben den Gefängniszellen gab es auch eine Folterkammer, das Henkerstübchen für die letzte Mahlzeit, eine Schmiede zur Herstellung von Fesseln und die Gefängnisküche.

In diesem Gefängnis saß übrigens auch ein berühmter Musiker ein, von dem Sie vielleicht gar nicht wussten, dass er in Weimar lebte: Johann Sebastian Bach (1685–1750). Fast neun Jahre, von 1708 bis 1717, weilte er in der Stadt. Die damaligen Herrschaftsverhältnisse waren allerdings verwirrend. Der Weimarer Hof hatte, als Folge des Dreißigjährigen Krieges, eine Doppelherrschaft: Zuerst Herzog Wilhelm Ernst (1662–1728), der im heutigen Schloss residierte. Er war Theologe und Lutheraner und wollte seine Frömmigkeit auf den Hof übertragen. Sein Neffe Ernst August (1688–1748) residierte gegenüber im Roten Schloss als zweiter Herrscher, er war aber eher Künstler als Theologe und konnte sich mit seinem Onkel nie einigen, wer über die Dienstboten (und damit über die Hofkapelle) zu entscheiden hatte. Beide mochten sich nicht sonderlich. Der Grund war die noch fehlende »Primogenitur«, das Erstgeburtsrecht, nach der nur das erstgeborene oder älteste Kind Erbe und Rechtsnachfolge einer verstorbenen Person antreten konnte, während mögliche Geschwister unberücksichtigt blieben. Zu Bachs Zeiten gab es dieses Recht aber noch nicht, es wurde in Weimar erst 1747 eingeführt, lange nach Bach. Beide Herzöge wollten herrschen, konkurrierten also miteinander und versuchten, sich gegenseitig auszustechen. Keine gute Grundlage für einen Musiker, so hatte Bach später darunter noch zu leiden.

Immerhin schätzten beide Regenten die Musik und ergänzten sich hier sogar. Der jüngere Ernst August spielte selbst Violine und Trompete. Er engagierte sich für den Ausbau der höfischen Musik und sorgte dafür, dass der moderne italienische Konzertstil am Weimarer Hof etabliert wurde. Wilhelm Ernsts große Leidenschaft lag dagegen vor allem in der Pflege der Kirchenmusik. In dieses geladene, aber musikalisch fruchtbare Umfeld zog Bach 1708. Am 14. Juli traf er mit seiner schwangeren Frau Barbara in Weimar ein. Er trat die Nachfolge des wegen Krankheit ausgeschiedenen Hoforganisten Johann Effler an. Finanziell hatte sich der Wechsel für ihn gelohnt. Mit 150 Gulden verdiente er 20 Gulden mehr als sein Vorgänger, dazu kamen 18 Scheffel Korn, 12 Scheffel Gerste, vier Klafter Floßholz und 30 Eimer Bier. 30 Eimer Bier klingt nicht nach viel, man muss aber wissen, dass ein Eimer gleich 60 Maß waren, also etwa 64 Liter. Bach konnte mit seiner Familie und dem Gesinde insgesamt 1920 Liter Bier im Jahr verkonsumieren. Und das war auch bitter nötig, denn selbst die Kinder bekamen, wegen des damals fast ungenießbaren Wassers, bevorzugt Bier und auch Wein zu trinken. Auch in der Musikerfamilie war das so. 1708 kam Bachs erste Tochter, Catharina Dorothea, zur Welt, und in den kommenden Jahren wuchs die Familie Kind um Kind. Alle sind aufgewachsen mit Liebe, Musik und Alkohol.

Gesellschaftlich war der Wechsel der Bachs nach Weimar allerdings ein Abstieg. Aus dem freien Bürger Bach wurde wieder ein fürstlicher Lakai, seinen Herren zu striktem Gehorsam verpflichtet. Musikalisch stellte Weimar aber den Höhepunkt von Johann Sebastian Bachs Orgelkompositionen dar. Herzog Wilhelm Ernst verlieh ihm, am 2. März 1714, nach einem förmlichen Gesuch, den neu geschaffenen Titel Konzertmeister. Damit verbunden war die Pflicht, »Monatlich neüe Stücke auffzuführen«. Bach wurde vom Herzog geschätzt, einen derartig herausragenden Organisten hatte er vorher noch nicht gehabt. Der Vorgesetzte Bachs, Hofkapellmeister Johann Samuel Drese (um 1644–1716), war bereits über 60 Jahre alt und ließ sich aufgrund seiner angeschlagenen Gesundheit gerne bei der Leitung der kirchlichen Figuralmusik helfen. Bach komponierte Kantaten auf höchstem Niveau. In Weimar entstanden über 20 dieser Werke.

Am 1. Dezember 1716 starb der alte Kapellmeister Drese. Bach ging davon aus, dass er die Nachfolge antreten sollte, doch er hatte die Rechnung ohne seinen Herzog gemacht. Wilhelm Ernst wünschte sich nämlich einen anderen großen Komponisten: Bachs Zeitgenossen Georg Philipp Telemann (1681–1767). Die Sache erfuhr eine interessante Wendung, weil die beiden Komponisten, Bach und Telemann, sich kannten. Als der Herzog Telemann ein Angebot machte, schrieb dieser zurück, dass er mit Bach den besten Musiker habe, den man sich als Hofkapellmeister vorstellen könne. Außerdem erzählte er Bach von der Anfrage des Herzogs. Bach wandte sich daraufhin an Wilhelm Ernst und stellte ein förmliches Gesuch um die Kapellmeisterstelle. Doch der Herzog antwortete ihm nicht. Bach ersuchte um eine Audienz – und erhielt keine. Zu guter Letzt strich Wilhelm Ernst ihm noch seine Notenpapierlieferungen. Bach reagierte darauf, indem er nicht mehr komponierte.

Einen Ausweg versprach Fürst Leopold von Köthen. Als er von den Vorgängen in Thüringen erfuhr, bot er Johann Sebastian Bach hocherfreut die Stelle des Hofkapellmeisters an seinem Hofe an. Neben einem höheren Lohn (über 400 Gulden) winkte ihm auch der gesellschaftliche Aufstieg vom Lakaien in den Rang eines Hofoffiziers. Bach konnte nicht widerstehen. Er unterschrieb einen Vertrag mit Einstellung zum 1. August 1717. Doch Wilhelm Ernst wollte ihn nicht ziehen lassen und verweigerte seine Zustimmung. Bach saß nun also in Weimar fest. Um ihn zu disziplinieren, ließ Wilhelm Ernst ihn sogar vier Wochen in die Landrichterstube der Bastille werfen. Zum Glück nicht ins Loch! Ein Zitat aus dem damaligen Protokoll:

»eod. die 6. Nov. (1717) ist der bisherige Concert-Meister und Hof-Organist Bach wegen seiner Halsstarrigen Bezeugung und zu erzwingenden Dismission auf der Land Richter-Stube arretieret und entlich den 2. Dezember darauf mit angezeigter Ungnade ihm die Dismission durch den Hofsekretär angedeutet und zugleich des arrests befreiet worden.«

Er wurde allerdings auf Drängen Leopolds und des sächsischen Königs August des Starken, denen Bachs Auftritt in Dresden noch in frischer Erinnerung war, wieder freigelassen. Nach knapp vier Wochen bei Wasser und Brot durfte Bach also endlich gehen. Herzog Wilhelm Ernst konnte sich einen Krieg gegen seinen König wegen eines Musikers einfach nicht leisten, und so zog Bach eine Woche später nach Köthen. Begleitet von seiner Frau und seinen Kindern verließ er Weimar in Richtung Norden. Maria Barbara Bach, seine erste Frau, starb im Juli 1720 in Köthen. Ein Jahr später heiratete Bach dort zum zweiten Mal: die Musikertochter Anna Magdalena Wilcke. Mit ihr bekam er noch weitere

13 Kinder. Insgesamt hatte er also 20. Ein fruchtbares Leben, nicht nur in der Musik. Wann ist der Mann bei den vielen Kindern eigentlich noch zum Komponieren gekommen?

Wir begeben uns nun weiter, den Hügel hinan, zum Platz der Demokratie, der Herzogin Anna Amalia Bibliothek und zum Reiterdenkmal unseres Herzogs.

DER PLATZ DER DEMOKRATIE

FÜRSTEN, WANZEN UND GOETHES ANKUNFT

Der Platz der Demokratie – früher hieß er Fürstenplatz – ist umgeben von ehemaligen Schlössern und somit baulicher Ausdruck der einstigen Hof- und Residenzstadt. Der Name des Platzes geht auf die Ereignisse zurück, die nach dem Ersten Weltkrieg dazu führten, dass die herrschenden Fürsten entmachtet wurden und die erste Demokratie in Deutschland gegründet werden konnte. Und weil der Name des Platzes früher an die Fürsten erinnerte, die ihre Macht verloren, wurde er 1919 umbenannt und erinnert jetzt an die Weimarer Republik.

In der Mitte des Platzes erhebt sich das Denkmal des Großherzogs Carl August, des Förderers und Freundes Goethes. Sein Blick ist auf das Schloss gerichtet. Das bronzene Reiterstandbild zeigt den Fürsten in Generalsuniform mit Girlande aus Lorbeer, Eichenblättern und Blumen. Es ist eine Arbeit des Weimarer Bildhauers Adolf von Donndorf (1835–1916). Carl August wurde am 3. September 1757 in der Residenzstadt Weimar geboren. Als Folge des allzu frühen Todes seines Vaters, Ernst August Constantin (1737–1758), hatte seine Mutter Anna Amalia die Vormundschaft und die Regierungsgeschäfte für Carl

August bis zu seiner Volljährigkeit mit 18 Jahren übernommen. Es gelang ihr, den größten deutschen Dichter der damaligen Zeit, Christoph Martin Wieland (1733–1813), als Prinzenerzieher zu verpflichten. Wieland unterrichtete den späteren Landesvater im Sinne der Aufklärung, erreichte aber nicht, dass das überschäumende Wesen des Prinzen gezügelt werden konnte. Die Lösung dieser schwierigen Aufgabe blieb später Johann Wolfgang Goethe vorbehalten. Als der angehende Herzog 1774 auf Brautschau ging, besuchte er auch Frankfurt und lernte dort Goethe kennen. Sie trafen sich im »Roten Haus auf der Zeil«, dem vornehmsten Gasthof der Stadt. Hier steht heute das Einkaufszentrum MyZeil. 1775 wurde Goethe förmlich nach Weimar eingeladen. Der Kammerjunker von Kalb bekam den Befehl, Goethe in einem Staatswagen nach Weimar zu bringen. Der Wagen blieb aber lange aus, was Goethes fürstenfeindlichen Vater sehr freute. Er nannte seinen Sohn schon einen »Fürstenknecht«. Die Kutsche befand sich derweil noch in Heidelberg, sie war dort aufgehalten worden.

Am 7. November 1775 früh um 5 Uhr traf der »Orkan Goethe« in Weimar auf dem Töpfermarkt ein. Und er muss entsetzt gewesen sein. Weimar war damals ein Nest von gerade einmal 6000 Einwohnern. Die etwa 700, meist strohgedeckten und aus Lehmflechtwerk bestehenden Häuser standen zusammengedrängt in der schmutzigen alten Stadt. Es gab nur die allergeringste Straßenbeleuchtung aus Walölfunzeln, fast alle Straßen und Plätze waren noch nicht gepflastert, Hühner und Schweine liefen in den Gassen herum. Es gab kein sauberes Wasser, von Toiletten ganz zu schweigen. Durchaus an der Tagesordnung war noch das »Ausgießen der Nachtgeschirre« aus den Fenstern im Schutze der Dunkelheit. 1774 wurde diese »Unfläterei« zwar auf die Zeit nach 23 Uhr eingeschränkt, aber erst 1793 ganz verboten. Das Gassenreglement schrieb zwar streng vor, dass menschliche Exkremente nur nachts, zwischen Mitternacht und Sonnenaufgang, abtransportiert werden sollten, diese beschwerliche und lästige Vorschrift wurde aber häufig umgangen, indem man »zum großen Abscheu des Publikums« dergleichen Unrat mit Viehmist vermischte. Denn diesen am Tage durch die Stadt zu transportieren, war erlaubt. Man lebte auch im ständigen Kampf gegen Wanzen, Flöhe und Ratten, selbst in den besseren Gasthäusern. Und von der kleinen Hofgesellschaft, die kaum sechzig Personen zählte, hatten die meisten noch nie ein Theaterstück gesehen. In diese provinziell verkrusteten Strukturen brach Goethe herein, 26 Jahre jung, bereits ein angesehener Dichter und Verfasser des *Götz von Berlichingen* und der *Leiden des jungen Werther.* Wohl am treffendsten hat Karl Julius Weber (1767–1832) in seinen *Briefen eines in Deutschland reisenden Deutschen* dem Gegensatz zwischen dem geistigen Weimar und der Stadt Ausdruck gegeben:

> *»Wenn irgendeine Stadt der Imagination Streiche spielt, so ist es Weimar. Sein Ruf geht vor ihm her wie vor großen Männern, und man findet ein kleines, totes, schlecht gebautes, recht widriges Städtchen, das Schloß ausgenommen, fast gar nichts Ausgezeichnetes.«*

Seinen Lebensunterhalt musste der Dichterfürst Goethe zunächst durch Darlehen und Geldgeschenke des Herzogs bestreiten. Er und Carl August spielten die jungen Wilden: So wird erzählt, wie die beiden die neue

Wohnung von Friedrich Justin Bertuch (1747–1822), einem Weimarer Verleger, verwüsteten, als der gerade seine junge Frau heimgeführt hatte. Besonders der Herzog fand Gefallen am ungezügelten Geniewesen, er »erstickte bald im Schmutz, wusch und kämmte sich nicht, und bekam endlich gar Ungeziefer«. Kein Wunder: Carl August war jetzt großjährig und Herrscher – endlich konnte er machen, was er wollte, er war immer zu einem Schabernack aufgelegt. Deshalb ging es deftig weiter: Dem lange schlafenden Kammerherrn Friedrich Hildebrand von Einsiedel (1750–1828), mit dem Goethe bei jeder Gelegenheit würfelte und sich auch blutige Boxkämpfe lieferte, machte man eines Morgens »aus geriebenen und eingerührten Pfefferkuchen eine Sauce unter den Hintern ins Betttuch, weckte ihn nun, und schrie auf ihn, als einen Bettverunreiniger, los«. Goethe, ein eifriger Tagebuchschreiber, erwähnte seine Eskapaden aber allenfalls knapp und verklausuliert: »Tags über Torheiten, dann Glasern geschunden.« Gemeint ist Johann Elias Glaser, Krämer im nahegelegenen Stützerbach, dem Carl August die Vorratsfässer aus dem Lager holte und die Gasse hinunterrollte. Goethe schnitt derweil einen Porträtkopf aus einem Ölgemälde, steckte seinen eigenen von hinten durchs Loch und fand es rasend witzig.

Die meisten derart Gepeinigten ertrugen solche Überfälle ohnmächtig. Was sollten sie auch gegen die Herrschenden ausrichten? Bis auf eine Bäuerin vor den Toren Weimars. Herzog und Dichter ersoffen ihre Katze im Butterfass, kehrten dann aber kurze Zeit später reumütig zurück und entschädigten die Frau mit einem Goldstück. Darauf erwiderte sie: »Die Butter haben wir an den Fürstenhof nach Weimar verkauft, da fressen sie alles …«

Platz der Demokratie

Der Landesvater war als junger Herzog ein unbändiger, vergnügungssüchtiger Mann mit immer noch knabenhaften Wesenszügen. Er war relativ klein, stämmig, mit kurzem Kopf, einer festen Nase und kräftigem Kinn. Sein Gesicht hatte nichts fürstlich Vornehmes. Er sah eher wie einer seiner Förster und Jäger aus, mit denen er umherstreifte. Er liebte hauptsächlich die Jagd und das Militär und rauchte unmäßig, seine Pfeife ging nie aus. Ständig war er von seinen Jagdhunden umgeben, die er auch in das eheliche Schlafzimmer mitnahm. Wenn seine Hundemeute plötzlich in den Damensalon seiner Frau Luise stürmte oder wenn sie die zu einem Empfang aufgestellten Diplomaten über den Haufen rannten, war die Herzogin tagelang beleidigt und das Gespött an anderen Fürstenhöfen. Carl August entfloh der offiziellen Fürstenwohnung, wann immer er es nur konnte, hetzte auf Parforce-Pferden durch das Land, badete mit seinen Freunden nackt im Fluss und übernachtete gerne im Freien.

Und dann liebte er die Mädchen, besonders derbe Dorfmädchen, mit denen Carl August eine beträchtliche Anzahl von Kindern hatte. Die Söhne dieser Liebesabenteuer wurden unter die Förster und Jäger gesteckt, die Töchter verheiratet. Die Jungen erkannte man daran, dass der Herzog zu ihnen »Du« sagte, während er alle anderen mit »Er« titulierte. 46 uneheliche Kinder werden ihm zugeschrieben.

Seinen ersten Winter in Weimar verbrachte Goethe als Gast des Kammerpräsidenten Heinrich von Kalb im heutigen »Sächsischen Hof«, am damaligen Töpfermarkt, am Herderplatz gelegen. Doch schon ein Jahr später wurde er, mit einem guten Gehalt ausgestattet, zum Geheimen Legationsrat ernannt und bekam damit gleichzeitig einen Sitz im höchsten Regierungsorgan des Landes. Zudem wurde Goethe Leiter der Bergwerkskommission, Chef der Wege- und Wasserbaukommission und Leiter der Kriegskommission. Und man sollte es kaum glauben: Goethe war damit auch oberster Heerführer des Landes, einer stolzen Armee, die aber nur aus 323 Mann bestand.

Als Preußen 1806 Frankreich den Krieg erklärte, diente Carl August als preußischer Regimentskommandeur im Heer gegen Napoleon. Nach der Doppelschlacht von Jena und Auerstedt (14. Oktober 1806), die zu einer blamablen Niederlage der preußisch-sächsischen Armeen führte, sammelten sich die siegreichen Franzosen im kleinen Residenzstädtchen Weimar. Chaos herrschte, die Soldateska plünderte, brandschatzte und vergewaltigte, wie zu diesen Zeiten üblich. Dazu war Carl August im Krieg, die anderen Familienmitglieder waren geflohen. Nur Luise von Hessen-Darmstadt, die Landesmutter und Schutzherrin, blieb. Zwei Tage nach der Schlacht stellte sie sich dem französischen Kaiser Napoleon im Weimarer Schloss mutig entgegen und machte ihm recht undiplomatisch klar, dass sich ihr Mann aus Pflichttreue nicht schlagartig aus dem Militärdienst zurückziehen könne. Der Kaiser war beeindruckt und ließ sich erweichen, die Plünderungen wurden eingestellt. Weimar kam damit, im Vergleich zu dem Universitätsstädtchen Jena, glimpflich davon. Das Herzogtum Sachsen-Weimar-Eisenach blieb mit dem Anschluss an den Frieden von Posen erhalten und überstand die napoleonische Ära. Seitdem galt Luise als Retterin des Vaterlandes und hatte somit ihren Part im Weimarer Mythos.

HERZOGIN ANNA AMALIA BIBLIOTHEK

FEUER, WASSER, BÜCHER

Die Bibliothek an der Ostseite des Platzes der Demokratie war früher im Residenzschloss untergebracht. Dort wurde sie im Jahr 1691 gegründet, als Herzog Wilhelm Ernst seine gesammelten 1400 Bücher der Öffentlichkeit zugänglich machte. Während Anna Amalias Regentschaft erfolgte 1766 der Umzug der herzoglichen Büchersammlung in das damalige »Grüne Schloss«. Die Bibliothek war eine der ersten für die Öffentlichkeit zugänglichen Fürstenbibliotheken. Carl August beauftragte 1797 Johann Wolfgang von Goethe und dessen Kollegen im Geheimen Consilium, Christian Gottlob Voigt (1743–1819), mit der Oberaufsicht über die Bibliothek. Goethe leitete sie 35 Jahre lang, bis zu seinem Tode 1832. Er führte sie zu einer der bedeutendsten Bibliotheken Deutschlands jener Zeit. Sie prägte die Weimarer Klassik und ist bis heute eines der wichtigsten Archive dieser Epoche. In Goethes Amtsperiode verdoppelte sich der Buchbestand auf 80 000 Bände. 1849, an Goethes 100. Geburtstag, der in der Bibliothek gefeiert wurde, erhielt das Gebäude durch einen Anbau im Süden seine heutige Dimension. Leider ist die Bibliothek, die an der

Ostseite des Platzes steht, den meisten Gästen Weimars hauptsächlich dadurch bekannt, dass sie abgebrannt ist. In den Medien wurde damals vielfach darüber berichtet.

Am Abend des 2. September 2004 brach ein Feuer im Dachstuhl des Hauptgebäudes aus, das erst im zweiten Geschoss des Rokokosaales von der Feuerwehr gestoppt werden konnte. Der Auslöser war vermutlich eine korrodierte Klemmverbindung einer Aluminium- und einer Kupferleitung, die längere Zeit hinter einer Wandverkleidung im Dachgeschoss vor sich hin geschmort hatten, bevor die Brandmelder Alarm schlugen. Eine Dreiviertelstunde später schlug das Feuer durchs Dach. Zehn bis zwanzig Meter hohe Stichflammen schossen in den Abendhimmel. Glühende Balken fielen herab. Eine ganze Etage Bücher und 37 historische Gemälde verbrannten. Drei Tage lang qualmte die Bibliothek noch, bis die letzten Glutnester gefunden waren. Über 330 Feuerwehrleute aus ganz Thüringen kämpften stundenlang gegen das Feuer.

Die Weimarer Einwohner eilten, aufgeschreckt durch Sirenen, den Flammenschein und informiert durch Telefonketten, zum Brandort. Sie wollten helfen und standen doch nur fassungslos vor dem Desaster. Doch dann kam die Rettung langsam in Gang. Über eine Menschenkette gelangten Gemälde, Plastiken und Bücher nach draußen. Zu der Zeit lief schon das Löschwasser vom Dach über die Regale und durch die Geschosse. Die Bücher wurden aus den Bücherborden genommen und weitergereicht. Von Hand zu Hand, immer weiter. Etwa 200 Menschen standen auf der Treppe. Mitgerissen von der Wucht des Feuersturms, schossen unzählige Buchseiten in die Luft und flogen Hunderte von Metern über das Stadtgebiet, wo sie später, stark versengt, von Anwohnern aufgesammelt und den Bibliothekaren und Restaurateuren übergeben wurden. Unten wickelten Helfer die Bücher einzeln in Frischhaltefolie, da die nassen Bücher mit Leder- und Pergamenteinbänden sonst verklebt wären. Die Flammen lohten durch die Dachfenster, schwarzer Rauch quoll heraus und die Helfer räumten unter Lebensgefahr den Rokokosaal, das Glanzstück des Gebäudes. Auch eines der prominentesten Bücher der Bibliothek konnte vor dem Feuer bewahrt werden. Es handelt sich dabei um eine Lutherbibel aus dem Jahre 1534 von Hans Lufft – eine der ersten Gesamtausgaben, die in jenem Jahr in Wittenberg mit Holzschnitten aus Lucas Cranachs Werkstatt erschienen waren.

Doch 50 000 Bände waren als Totalverlust zu verbuchen, daneben auch Gemälde aus dem 16. bis 18. Jahrhundert. Rund 62 000 Bände wurden durch das Löschwasser und den Brand zum Teil stark beschädigt. Bücher mit nur leichten Schäden wurden in Werkstätten in ganz Europa saniert. Während des Brandes konnten ca. 28 000 Bücher aus dem Gebäude gerettet werden. Der materielle Schaden am Bücherbestand wurde auf 67 Millionen Euro geschätzt. Bereits in der Brandnacht wurden die ersten wassergeschädigten Bücher zur Gefriertrocknung in das Zentrum für Bucherhaltung nach Leipzig gebracht. Insgesamt waren es dann etwa 40 Tonnen nasser Bücher.

Die Verluste waren immens und nie zuvor wurde irgendwo auf der Welt versucht, eine derartige Masse von beschädigten Büchern wiederherzustellen – es waren viele Tausend Wälzer mit Wasser-, Hitze- und Rauchschäden sowie etwa 25 000 Aschebücher. Diese stapelten sich in der Karlsmühle, einem alten Lagerhaus. Seit dem Brand hat die Bibliothek 40 000 Bücher neu erhalten, die Hälfte als Geschenk. 10 000 davon sind Werke, die beim Brand verloren gegangen sind, meist in derselben Ausgabe.

Die Wiederherstellung des Bibliotheksgebäudes wurde im Sommer 2007 abgeschlossen. Am 24. Oktober 2007, dem 268. Geburtstag der namensgebenden Herzogin, wurde die Bibliothek durch den Bundespräsidenten Horst Köhler wiedereröffnet. Der ideelle Wert der verlorenen Bücher ist aber bis heute kaum zu beziffern. Unersetzliche Werke gingen für alle verloren, dagegen sind die Kosten für die Sanierung des Gebäudes in Höhe von etwa 12,8 Millionen fast schon Peanuts.
Was für ein Verlust!

DER BIBLIOTHEKSTURM

EINE EICHE, EIN KAMPF, EINE TREPPE

Rechts neben der Bibliothek befindet sich der Bibliotheksturm, der vormals zur Stadtmauer gehörte. Die massige, runde Bastion gehört seit ihrer Erbauung 1453 in das Stadtbild Weimars und ist beliebtes Fotomotiv für Touristen. Der Turm ist heute Teil der Bibliothek. Glücklicherweise war er beim Brand nicht betroffen, denn er beherbergt etwa 15 000 Bücher, darunter auch die alte Militärbibliothek mit ihren 6000 Bänden, Karten und den 30 historischen Globen, die teilweise aus dem 16. Jahrhundert stammen. Die Bücher sind in Regalen an der runden Außenmauer aufgereiht. Sicher belegt ist, dass der heutige Bücherturm einer von zehn Türmen der ehemaligen Stadtbefestigung Weimars ist. Im Zentrum des Bauwerkes befindet sich eine 12 Meter hohe Spiraltreppe, deren Mittelstück aus einem einzigen Eichenstamm gefertigt wurde. Um diese Treppe rankt sich eine unglaubliche Sage:

Die Geschichte beginnt auf der Osterburg bei Weida, etwa 70 Kilometer von Weimar entfernt. Es war im Frühsommer 1670. Damals soll ein äußerst geschickter Handwerker, der Zimmermann Arnold Fehr, auf Wunsch

Bibliotheksturm und Ginkgobaum

des Landesherrn, Herzog Moritz Wilhelm von Sachsen-Zeitz, dort angestellt worden sein. Gute Handwerker waren ein rares Gut. Doch Arnold verliebte sich allda in die feurige, schwarzäugige Margarete. Aber auch der übel beleumdete, ständig betrunkene Junker von Hochberghausen hatte ein Auge auf sie geworfen. Arnold stellte den Edelmann zur Rede. Unter einer mächtigen Eiche im Burghof kam es zum verbissenen Kampf. Der feige Junker zog den Degen und rannte gegen den Zimmermann an. Geschickt wich Arnold aus, trat zu, riss die Klinge an sich und wandte sie gegen den Angreifer. Der Junker stürzte in seine eigene Waffe und verblutete. Arnold hatte so einen Edlen getötet! Er musste fliehen, wurde verraten, verhaftet und landete als zum Tode verurteilter Mörder im »Hundeloch«, einer Gefängniszelle der Osterburg. Am Tage der Hinrichtung flehte Margarete den Herzog um Gnade an. Der erkannte die Härte des Urteils und änderte den Richterspruch in ein Gottesurteil:

»Sieh dort die mächtige Eiche im Schatten der Burg. Unter ihr hast du gefehlt, dort hast du den Junker erschlagen. Kannst du aus dem Stamm dieses Eichenbaumes mir eine Treppe zimmern für mein Schloss und steht diese Treppe übers Jahr am gleichen Tage fertig da, ohne daß dir bei der Zimmermannsarbeit ein anderer geholfen hätte, so bist du frei und deiner Strafe ledig.«

Unter großen Mühen gelang es Arnold, den Baumriesen zu fällen. Woche um Woche, Monat um Monat vergingen. Tag und Nacht arbeitete Arnold, er kämpfte um sein Leben und seine Liebe. Nach einem Jahr, am 13. Juli 1671, war das Werk getan. Die zwölf Meter hohe Spindel aus dem Stamm der Eiche hat sich in eine kühne Wendelsäule verwandelt, die die Treppenstufen hielt. Leicht und schwungvoll führten die Stufen von Geschoss zu Geschoss. Herzog Moritz stieg zufrieden von Stufe zu Stufe – die Treppe hielt stand. Sie war so stabil gebaut, dass 100 Männer zur gleichen Zeit auf ihr Platz gefunden hätten, ohne dass die Treppe schwankte oder gar brach. Arnold Fehr war frei. Mit leuchtenden Augen stand eine junge Frau neben ihm. Margarete – seine Braut. Und da der 13. Juli im Kalender als Margaretentag bezeichnet wird, schnitt er mit seinem Werkzeug am Fuße der Treppe Datum und Namen ein:

Am Tage Margarethae A. F.
(Arnold Fecit – Arnold hat sie geschaffen.)

Heute befindet sich die sagenhafte Wendeltreppe im Bibliotheksturm der Anna Amalia Bibliothek. Denn am 28. August 1818 gab Großherzog Carl August seinem Baurat Steiner die Anweisung, eine »entbehrlich gewordene Treppe« von der Osterburg nach Weimar bringen zu lassen. Und so geschah es. Die Weidaer aber mussten für diesen Raub sogar noch zahlen. Für den Abbau und den zehntägigen Transport zahlte das Rentamt Weida am 18. November 1818 124 Taler aus der Staatskasse.

Die Treppe blieb vom Feuer 2004 glücklicherweise verschont, ist aber dennoch dem Auge der meisten Betrachter verborgen. Denn die sagenhafte Wendeltreppe ist für die Öffentlichkeit leider nicht zugänglich.

DER GOETHE-GINKGO

ALTE BÄUME, JUNGE LIEBE

Gegenüber dem Bibliotheksturm steht ein mächtiger Baum, hoch und erhaben, ein »Ginkgo biloba«. Dieses Weimarer Exemplar wird auch Goethe-Ginkgo genannt. Die Baumart starb während der Eiszeit in Europa aus und rettete sich in das wärmere Asien, wo sie überlebte, ein Zeichen ihrer extremen Anpassungsfähigkeit. In Asien wurde auch der Begriff »Ginkgo« geprägt. Übersetzt bedeutet er »Silberaprikose«. Von dieser Baumart gibt es männliche und weibliche Exemplare, die in jungen Jahren schwer voneinander zu unterscheiden sind. Erst nach ca. 20–30 Jahren kann man das Geschlecht an den Blüten erkennen und nun ist auch eine Fortpflanzung möglich.

Beim Ginkgo geschieht dies aber etwas anders als beim Menschen. Ende April, Anfang Mai, wenn die Pollen fliegen, fängt »Frau Ginkgo« zwar die männlichen Pollen auf, lagert sie aber vorerst in ihrer Samenanlage ein. Erst die fertige Eizelle bildet eine Bestäubungsflüssigkeit und saugt damit die eingelagerten Keime ein. Der im Frühjahr eingefangene männliche Pollen bildet im Laufe der Zeit winzige Tropfen, die sich nach etwa

120 Tagen auf den Weg zur Befruchtung der Eizelle machen.

Der Weimarer Goethe-Ginkgo ist natürlich männlich, sonst würde er wohl auch nicht so heißen. Gepflanzt wurde er wohl um 1800. Ob Goethe dies eigenhändig getan hat, wie oft behauptet wird, kann wahr sein, muss es aber nicht. Wir wissen auch nicht alles. Heute ist er ein Riese, zu Goethes Zeit war er aber nur 3–4 Meter hoch. Man nennt ihn heute auch »Goethes Baum«, denn der Dichter hat in seinem Werk *West-östlicher Divan* ein Gedicht über ihn veröffentlicht. Diese Verse entstanden, als Goethe 1815, während einer Kur in Wiesbaden, zu

Ginkgoblatt

Besuch bei Freunden weilte, dem Ehepaar Johann Jakob und Marianne von Willemer aus Frankfurt. Bei diesem Besuch brachte Goethe der 31-jährigen Marianne ein Ginkgoblatt mit und eine tiefe Freundschaft entwickelte sich. Doch davon hören wir gleich noch mehr. Kurze Zeit zuvor hatte ihm der Verleger Johann Friedrich Cotta (1764–1832) eine Sammlung persischer Lyrik mit dem Titel *Divan* von Mohammed Schemsed-din Hafis zugeschickt. Daraus entstand Goethes Ginkgogedicht. Das Blatt des Baumes wird in diesem Gedicht als Sinnbild für Liebe und Freundschaft genutzt. Und hier ist es:

»Dieses Baums Blatt, der von Osten
Meinem Garten anvertraut,
Gibt geheimen Sinn zu kosten,
Wie's den Wissenden erbaut.
Ist es ein lebendig Wesen,
Das sich in sich selbst getrennt,
Sind es zwei, die sich erlesen,
Dass man sie als eines kennt.
Solche Frage zu erwidern
Fand ich wohl den rechten Sinn,
Fühlst du nicht an meinen Liedern,
Dass ich Eins und doppelt bin?«

Doch nun wieder zu Marianne Willemer (1784–1860), geborene Jung. Sie war ein Theaterkind, Tochter einer verarmten, mittelmäßig begabten Schauspielerin. Sie wurde unehelich geboren, was jedoch schamhaft verschwiegen wurde. Als ihr späterer Mann Johann Jakob ihr zum ersten Mal begegnete, war er hin und weg. Und dann passierte etwas, was einem Skandal gleichkam. Der reiche Bankier, 24 Jahre älter als Marianne, kaufte das Mädchen ihrer Mutter buchstäblich ab. Für 2000 Taler in bar überließ Mariannes Mutter ihre Tochter dem fremden Mann. Diese wurde so seine dritte Frau.

Am 18. Oktober 1814 besuchte Goethe das frisch verheiratete Paar von Willemer. An diesem Abend müssen sich wohl beide – Goethe und Marianne – über ihre Gefühle füreinander klargeworden sein, denn dieser Tag ist ihnen für viele Jahre ein Gedenktag geblieben. Er verewigte sie im »Buch Suleika« des *West-östlichen Divans*. Diese Zusammenstellung des Dichters Hafis, der 500 Jahre vor ihm gelebt hatte, zog Goethe sofort in ihren Bann. Am 25. Juli 1814 dichtete Goethe, als würde er das Kommende vorausahnen: »So sollst du, muntrer Greis, Dich nicht betrüben, Sind gleich die Haare weiß, Doch wirst du lieben.« Eine Liebesgeschichte mit Marianne entwickelte sich, für Goethe war es eine heftige, leidenschaftliche Beziehung. Unter den zahlreichen Musen Goethes war Marianne auch die einzige Mitautorin eines seiner Werke, denn der *Divan* enthält auch einige Gedichte aus ihrer Feder. Auch an Marianne – tief bewegte Briefe über Jahre hinweg bezeugen es – ist die Liebe nicht spurlos vorübergegangen. Goethes und Mariannes gemeinsame Lektüre des persischen Dichters Hafis mündete in ein sehr privates literarisches Spiel: Sie sandten einander Chiffre-Gedichte, indem sie sich lediglich alphanumerische Stellenangaben von Reimpaaren aus dem *Divan* zukommen ließen. Wenn Marianne beispielsweise 404 19–20 schreibt, so schlägt Goethe in Weimar in seinem Exemplar Seite 404, Vers 19–20 nach und entziffert: »Lange hat mir der Freund schon keine Botschaft gesendet, Lange hat er mir Brief,

Wort und Gruß nicht gesandt.« Immer wieder lud Marianne ihn zu Besuch ein und ließ ihn wissen, dass sie krank sei vor Liebe und Sehnsucht. Goethe aber waren die Konsequenzen klargeworden, die diese Beziehung gehabt hätte. Vor allem nachdem seine Frau Christiane gestorben war. Er antwortete daher lange nicht. Fürchtete er sich vielleicht vor einem neuen Skandal, wenn er, der fast 66-Jährige, mit einer 31-jährigen Frau nach Weimar zurückgekehrt wäre? Jahr für Jahr folgte Goethe daher den Einladungen nicht. Dann, nach langem Schweigen, sandte er die Druckbögen des *Divans* nach Frankfurt und schrieb: »…so höre doppelt und dreifach die Versicherung, daß ich jedes deiner Gefühle doppelt und dreifach erwidere.« Und als sie dann in dem druckfrischen, fertigen Exemplar ihre Gedichte gleichberechtigt neben Goethes fand, besaß sie den sicheren Beweis, nicht getäuscht worden zu sein.

Trotz allem haben sich Goethe und Marianne nie wiedergesehen. Zwar wollte sich Goethe im folgenden Jahr zu einer Reise an Rhein und Main aufmachen. Zwei Stunden hinter Weimar brach jedoch die Achse seines Wagens. Goethe, manchmal recht abergläubig, deutete dies als böses Omen. Er quartierte sich für sechs Wochen in Tennstedt ein, etwa 50 Kilometer nordöstlich von Weimar, um dort Schwefelbäder zu nehmen. Marianne, die weiterhin vergeblich auf seine Wiederkehr hoffte, verfiel in Depression und Krankheit. Nachdem ihr die Nachricht von Goethes Tod überbracht worden war, sagte sie: »Gott hat mir diese Freundschaft gegeben. Er hat sie mir genommen. Ich muß Gott danken, daß sie mir so lange Zeit zu Teil ward.«

Wie viel Goethe ihr und auch, was sie für ihn bedeutet hatte, behielt Marianne bis zu ihrem Tod für sich. Erst nach 1850 enthüllte sie das Geheimnis ihres Anteils an den *Suleika-Liedern*. Goethes Gedicht wird in Weimar den Gästen der Stadt gerne vorgetragen, unter dem »Goethe-Ginkgo«, der groß und prächtig hinter der Musikschule steht. Seine Blätter sind als Souvenir sehr begehrt. Der Sage nach hat jeder, der ein solches Blatt im Portmonee mit sich führt, immer Geld darin. Viele Jahre hat der männliche »Goethe-Ginkgo« allein und einsam dort gestanden. Nun brauchte er Gesellschaft. Deshalb wurde ihm auf seiner linken Seite ein junger, weiblicher Ginkgo zur Seite gestellt.

Diese beiden Bäume symbolisieren auch gleich den Auftakt zur nächsten ergreifenden Liebesgeschichte – Goethes letzter und traurigster. Der alte »Goethe-Ginkgo« gleicht dem ergrauenden Dichter, der kleine weibliche Baum ist Goethes letzte Liebschaft: Theodore Ulrike Sophie von Levetzow (1804–1899).

Man stelle sich folgende Situation vor: Goethe, ein würdiger, alter Herr von 71 Jahren, Dichter von europäischem Ruf, traf in seinem Urlaubsort Marienbad im Sommer 1821 eine Bekannte, Amalie von Levetzow, die drei Töchter hatte. Der Dichter machte Tanzabende, Spaziergänge und Gesellschaftsspiele der Familie bereitwillig mit, er unterhielt sich bestens, besonders mit der ältesten Tochter Ulrike. Ganz sicher fühlte er seinen letzten Frühling kommen. Es blieb kein Geheimnis, dass sie Hand in Hand über die Promenade spazierten und er die Abende ausschließlich in ihrer Gesellschaft verbrachte. Er schenkte ihr Blumen und erklärte ihr die gesammelten Mineralien, zwischen denen er einmal sogar Schokolade versteckte, um Ulrikes nicht sonderlich ausgeprägtes Interesse an Steinen zu wecken.

Sie begegnete ihm zunächst mit einer kindlichen Unbefangenheit. Gerade dies muss dem 71-Jährigen gefallen haben; er erzählte dem »Töchterchen« aus dem *Wilhelm Meister*. Und als Ulrike im nächsten Jahr wieder in Marienbad weilte, schenkte er ihr zum Abschied sein gerade erschienenes Buch mit dem Titel *Champagne in Frankreich* (1822) mit der vielsagenden Widmung: »Wie schlimm es einem Freund ergangen, davon gibt dieses Buch Bericht. Nun ist sein tröstendes Verlangen: Zur guten Zeit vergiss ihn nicht.« Ulrike hat den Freund zwar nicht vergessen, sich aber wohl auch nicht, anders als Goethe, verliebt. Man traf sich 1822 wieder im gleichen Kurort, knüpfte an die alte Vertrautheit an, der Dichter hielt regen Kontakt mit der nunmehr 18-Jährigen und erlebte eine, wie er es einmal nannte, »temporäre Verjüngung«. Das dritte Jahr, 1823, die gleiche Konstellation im gleichen Kurort. Der »temporär Verjüngte« traf seinen Schwarm täglich, die junge Dame ließ sich die Avancen des hohen Herrn wohl gefallen, fühlte sich geschmeichelt und sandte wahrscheinlich auch das eine oder andere kokette Signal aus.

Das Unglaubliche geschah: Goethe bat seinen Freund, den Großherzog, der ihn 1823 begleitete, stellvertretend für ihn um die Hand des 19-jährigen Mädchens anzuhalten. Unsicher über seinen Gesundheitszustand, besuchte Goethe vorher sogar einen Arzt, um ihn zu fragen, ob ihm eine Ehe in seinem Alter schaden würde! Zunächst wurde das Ganze von den Eltern wohl für einen Scherz gehalten. Doch der Herzog versicherte, Goethe meine es ernst und verspricht den Eltern, sollten sie nach Weimar übersiedeln, ein großes Haus, der Tochter eine herausragende Position bei Hofe und, wenn Ulrike länger leben würde als Goethe, was anzunehmen war, eine jährliche

Rente von 10 000 Reichstalern. Eine enorme Summe. Angesichts dieses verlockenden Angebots beriet sich die Mutter mit ihrer Tochter. Und Ulrikes Eltern überließen ihrer Tochter die Entscheidung, was damals zumindest ungewöhnlich war. Ulrike meinte, wenn Goethe einsam und allein wäre, würde sie ihn nehmen, aber Goethe lebte mit seiner Schwiegertochter Ottilie und mehreren Verwandten in Weimar zusammen. Ulrike lehnte dann, aus vielleicht verständlichen Gründen, doch ab. Durch eine Indiskretion wurde der Heiratsantrag des 73-jährigen Goethes und die Ablehnung Ulrikes bekannt. So endete Goethes letzte Liaison in einer etwas peinlichen Niederlage. Doch die verziehen ihm seine Verehrer, denn allzu menschlich war sein Verlangen. Wie ernst Ulrike ihm war, das lässt sich aus der *Marienbader Elegie* ablesen. Goethe wies der Liebe hier einen religiösen Rang zu, um zugleich den Abschied von »Pandora«, gemeint war Ulrike, zu besiegeln. Wer die Elegie liest, begreift auch, dass es wohl zugleich Goethes Abschied von der erotischen Liebe war. Aber ihn quälte sein unglückliches Liebeserlebnis weiter. Bei der feierlichen Rezitation einer Schönschrift des Werkes, im Beisein seines Freundes Wilhelm von Humboldt, vergoss Goethe noch Monate später heiße Tränen. Dies zumindest ist verbürgt.

Ulrike wurde 95 Jahre alt. Sie starb 1899 auf Schloss Trziblitz in Böhmen als Stiftsdame und galt als die letzte Person, die 1899 noch lebte und Goethe persönlich gekannt hat. Sie hat bis zu ihrem Tod, auf drängendes Befragen, immer wieder nur sibyllinisch über ihre Beziehung zu Goethe gesprochen: »Keine Liebe war es nicht.« Und Goethes Verarbeitung seiner letzten Liebe ist wohl eines der ergreifendsten Werke seines Schaffens:

»… Mir ist das All, ich bin mir selbst verloren,
Der ich noch erst den Göttern Liebling war;
Sie prüften mich, verliehen mir Pandoren,
So reich an Gütern, reicher an Gefahr;
Sie drängten mich zum gabeseligen Munde,
Sie trennen mich, und richten mich zugrunde.«

Marienbader Elegie
Johann Wolfgang von Goethe

HAUS DER FRAU VON STEIN

CHARLOTTE UND MARLENE

Wir verlassen den Ginkgo und gehen in Richtung Park, nach wenigen Schritten stehen wir vor einem langgestreckten rosa Haus. Dort wohnte Goethes Freundin: Charlotte Albertine Ernestine von Stein-Kochberg (1742–1827). Da ihr Ehemann Oberhofstallmeister war, wurde das Erdgeschoss des Gebäudes bis 1794 als Pferdestall der herzoglichen Husaren genutzt.

Charlotte wurde mit 23 Jahren verheiratet, ob sie einverstanden war oder nicht. Sie wollte auch keine Kinder und hat doch in 8 Jahren 7 Geburten erdulden müssen. Wie sie später sagte, wurden alle ohne Liebe empfangen und geboren. Zu ihren Kindern hatte sie auch kein inniges Verhältnis. Doch dann umwarb der sechs Jahre jüngere Goethe Charlotte von Anfang an leidenschaftlich. Die Intensität ihrer Beziehung war unvergleichlich: Fast 1800 Briefe hat Goethe an Charlotte gesandt, fast zwölf Jahre hatte ihre Liebe Bestand. »Ich konnte mich nicht satt an Dir sehen«, schrieb Goethe einmal. Was an dieser Liebe ist Fiktion, Traum, Wunsch, Sehnsucht, was ist Wirklichkeit? Selten sind Liebesbriefe in einer schöneren Sprache geschrieben worden, fast nie hat Goethe sich sonst in seinen Gefühlen so enthüllt,

Haus der Frau von Stein

wie in den Botschaften an Charlotte. Leise, unmerklich, zog ihn Charlotte ganz an sich, mehr und mehr wurde auch sie von Goethes Leidenschaft ergriffen. Aus der Freundschaft war eine Liebe geworden. Aber als Charlottes Sohn Konstantin von Stein 1848 Goethes Briefe an seine Mutter herausgab, erinnerte er nur »an das Band der Ehe, das meine Mutter von Goethe fernhielt.« Nur zu verständlich: Er wollte sie vor dem Vorwurf des Ehebruchs bewahren. Aus dem Verhältnis zwischen Goethe und der Frau von Stein wurde offiziell eine heftige, wenn auch platonische Seelenbeziehung. Was aus heutiger Sicht sehr zweifelhaft ist. Doch platonisch oder nicht, wie viel Kraft diese Liebe zu Goethe die verheiratete Charlotte gekostet haben mag, es ist schwer vorzustellen. Indizien für eine wohl auch unkeusche Liebesbeziehung gibt es reichlich, denn Goethe verbrachte nahezu jeden Abend mit ihr und schrieb zum Beispiel am 16. Juli 1782:

»Die Melone wollen wir zusammen verzehren, und uns zusammen noch einer süseren Kost freuen die Sommer und Winter das schmackhaffteste ist. Lebe wohl. eh ich in's Conseil gehe komm ich einen Augenblick.«

Man kann wohl annehmen, dass der wortgewaltige Goethe keine essbaren Melonen gemeint hat.

Und am 24. Juli 1782 schrieb er:

»Während daß ich schlief kam die Erquickung von dir, wie ich aufwache erhalte ich sie. Noch weis ich nicht wie mir ist, o daß der Zustand bald vorüber gehn möge … So tief deine Liebe drang und mir wohl machte so tief hat der Schmerz die Weege gefunden und zieht mich in mir selbst zusammen.«

Von einer ausschließlichen Seelenbeziehung konnte wohl keine Rede sein. Goethe legte auch Wert darauf, dass er von seinem Gartenhaus aus einen unmittelbaren Blickkontakt zu ihren Gemächern hatte. Gelegentlich, so wird erzählt, stellte Charlotte im Erkerfenster ihres Hauses eine Kerze auf. Als Zeichen für Goethe, dass sie ihn erwartete, wenn ihr Mann außer Haus war. Heute würde man das »sturmfreie Bude« nennen.

Die Bewährungsprobe kam 1786. Ernst von Stein, der zweitgeborene, 18-jährige Sohn, erkrankte an Knochenkrebs. Goethe weilte gerade in Jena. Er stand der Freundin nicht zur Seite, sondern erinnerte sie nur an den gemeinsam geplanten Kuraufenthalt in Karlsbad. Charlotte ließ den todgeweihten Sohn allein und brach auf zu den böhmischen Brunnen. Goethe folgte ihr ein paar Tage später. Doch er hatte etwas anderes vor, er wollte weg. Nach Italien sollte es gehen, nur sein Diener wusste es unter dem Siegel der Verschwiegenheit. Am 3. September 1786 stahl sich Goethe im Schutze der Dunkelheit früh morgens um drei davon, nur mit einem Jagdranzen als Gepäck, und eilte per Postkutsche dem Süden zu. Er legte sich sogar ein Pseudonym zu: Jean Philipp Möller. Erst zwei Wochen später meldete er sich wieder aus Verona. Mit Goethes Reiseprojekt war nur der Herzog vertraut, und er gewährte seinem Günstling gerne die Erholungszeit. Goethes letzter Gruß an Carl August: »So lass in Deines Herzens Schrein die Freunde desto fester sein!« Vor den übrigen Freunden, selbst vor Herder, hielt Goethe seinen Plan noch verborgen und verriet erst vom italienischen Boden aus das Geheimnis.

Ernst von Stein starb am 14. Juni 1787, während Goethe sich in Rom aufhielt, aus Weimar sein Ministergehalt bezog und sich von einer römischen Gastwirtstochter neue erotische Klangwelten erschließen ließ. Erst nach zwei Jahren, am Mittwoch, dem 18. Mai 1788, kehrte Goethe nach Weimar zurück. Schon von Rom aus wollte er seine Rolle in Weimar neu ordnen. Carl August machte einen akzeptablen Vorschlag. Er entband Goethe von allen praktischen politischen Pflichten, aber ein Sessel blieb im Ministerrat für ihn reserviert. Er nahm den Fauteuil allerdings kaum ein. Dafür lief sein Gehalt unvermindert weiter, zumindest für zwei Jahre und ohne große Anstrengungen.

Dann aber trat sie in des Dichters Leben: Christiane Vulpius. Schnell kam es zum endgültigen Bruch mit Charlotte von Stein, als sie erfuhr, dass Goethe mit der 23-jährigen, aus einfachen Verhältnissen stammenden Frau zusammenlebte. Daraufhin verlangte sie alle Briefe, die sie an Goethe geschrieben hatte, zurück und verbrannte sie. Ein unersetzlicher Verlust. Zum Ende ihres Lebens verbesserte sich die Beziehung zu Goethe allerdings wieder etwas, und die beiden trafen sich gelegentlich. Doch Charlottes Gesundheitszustand verschlechterte sich mehr und mehr: sie war fast blind, Stimme und Gehör versagten. »Meine Gesundheit ist sehr schlecht; ich hoffe, ich werde im Grabe den Verwesungsprozess nicht so zu sehen bekommen wie jetzt den Sterbeprozess, obgleich es für den Physiker interessant sein kann« war ihr Kommentar darüber. Sie starb am Abend des 6. Januar 1827, gegen 19 Uhr, ruhig und schmerzlos. Zuvor hatte sie verfügt, dass ihr Sarg nicht am Hause von Johann Wolfgang am Frauenplan vorbeigetragen werden sollte. Dies entsprach keiner Verachtung oder späten Rache der Stein, sondern es entstammte ihrer Kenntnis, dass der Dichter Angst vor allem hatte, was mit dem Tode zu tun hat. Doch die Behörden der Stadt Weimar entsprachen diesem Wunsch nicht, als Charlotte von Stein am 9. Januar 1827 ihren letzten Gang auf Erden antrat.

Und welche andere berühmte Persönlichkeit wohnte noch in diesem Gebäude? Wie versprochen, kommen wir noch einmal auf sie zurück, die Schauspielerin und Sängerin Marlene Dietrich (1901–1992). Sie lebte in einem »Töchterheim«, das damals »bei der Stein« untergebracht war, und teilte sich das Zimmer mit vier anderen Mädchen. Im Oktober 1919 traf Marlene in Weimar ein, um Privatstunden als Geigerin zu nehmen. Doch schon bald hatte sie ihren Ruf weg. »Die Dietrich« sei ein frühreifes, lüsternes Weib, wurde gemunkelt. Da war von einem geliebten Hansi die Rede, von einem Günther, einem Grafen Wedel und sogar von einer Frau, von der sie mit Blumen und Liebesbriefen bombardiert wurde. Keine Frage: »Sonnabend und Sonntag küsse ich mich immer satt für die Woche«, schrieb sie in ihr Tagebuch. »Eigentlich müsste ich mich recht schämen. … Für meine grenzenlose Sinnlichkeit kann ich ja aber nichts. Wenn doch einer käme und deckte mit seiner Liebe all meinen Kummer zu und nähme mir alle Qual vom Herzen.« Und so hielt auch die Opernsängerin Priska Aich (1887–1943) in ihrem Tagebuch fest:

»Sie war eine Berliner demi-vierge (Verführerin) mit bezaubernd rot-blondem Haar und schwarzgefärbten Wimpern, weißer Teint und herrlich roten Lippen, an denen sie immerzu herumbiss.«

Robert Reitz, damals erster Kapellmeister der Staatskapelle, gab ihr Privatstunden. Marlene war gerade 19 Jahre, Professor Reitz 36. Bei ihm verlor sie wohl ihre Unschuld. Eines der großen Geheimnisse der Diva verbindet sie also mit Weimar. Wie konnte es auch anders kommen, marschierte sie doch stets in anzüglich transparenten Chiffonkleidchen zum Geigenunterricht. Schon bald frotzelten die Zimmernachbarinnen: »Marlene reizt Reitz.« Marlenes Urteil über das erste Zusammensein fiel jedoch nicht sehr wohlwollend aus:

»Nicht einmal die Hosen hat er ausgezogen. Ich lag auf dem alten Sofa, der rote Plüsch kratzte mich am Hintern. Mein Rock war über meinem Kopf. Er stöhnte und schwitzte. Es war furchtbar.«

Wochen des Übens vergingen. Immer wieder zweifelte Marlene am Vorankommen. Doch »Reitz scheint ja zu meinen, daß aus mir etwas wird«, hielt sie fest.

Dann, im November, stellten sich erste Erfolge ein. Er ließ sie Händel-Sonaten spielen. Sah der Professor in Marlene mehr als nur eine Schülerin? Oder war sie es, die die Initiative ergriffen hat? In den Aufzeichnungen der Dietrich findet sich dazu kein Wörtchen, doch dafür umso ausführlicher bei Priska Aich. »Bobby Reizlos«, so schreibt sie, habe einem Freund gebeichtet, dass er den Flirtversuchen eine Zeit zu widerstehen vermochte. Aber nicht lange.

Als die Mutter in Berlin von der Affäre erfuhr, hatte es sich ausgereizt: Sie holte ihre Tochter im Februar 1921 kurzerhand wieder nach Hause. Jetzt ging es nach Berlin, an die dortige Hochschule für Musik. Ein Jahr später gab es dann aber doch noch ein Wiedersehen mit ihrem ehemaligen Lehrer. Marlene reiste nach Jena, traf sich mit Reitz. Er überreichte artig Blumen und schlenderte mit ihr Arm in Arm durch die Stadt. Priska Aich erfuhr davon und hielt dies in ihrem Tagebuch fest: »Wie ich neuerdings erfuhr, geht sie [Marlene] zum Film. Na also, endlich hat sie offiziell den Weg betreten, wo sie hingehört, zum Hurentum.« Doch es sollten noch acht Jahre vergehen, bis Marlene ihren großen Durchbruch als »Lola Lola« im *Blauen Engel* schaffte.

Und was für eine Studentin wäre sie heute? Sie hätte vermutlich eine eigene Homepage, verschiedene Social-Media-Accounts, die neuesten Songs auf ihrem Smartphone und stets ausreichend Visitenkarten im Schminktäschchen.

Auch das ist Weimar. Und nun auf in den Goethepark.

DER PARK AN DER ILM

2X CHRISTIANE, OSTEREIER UND EIN EINBRUCH

Am Rande der Altstadt erstreckt sich ein englischer Landschaftspark, der sich seit Goethes Zeiten kaum verändert hat. »Park an der Ilm« wird er offiziell genannt, doch da Goethe in den Anfangsjahren an der Gestaltung mitwirkte, nennen die Weimarer dieses landschaftliche Kleinod einfach »Goethepark«. Die Grünanlage entstand nicht nach einem langfristigen Plan, sondern nach und nach, entsprechend den sich bietenden Möglichkeiten und vorhandenen Ideen. 1828, im Todesjahr Herzog Carl Augusts, war die Gestaltung weitgehend abgeschlossen. Ein englischer Park muss verschiedenen Kriterien folgen, zum Beispiel gibt es keine exakt gerade angelegten Wege, diese müssen sich abwechslungsreich durch die Landschaft schlängeln. Dazu kommen freie Rasenflächen mit auflockernden Baumgruppen und festgelegte Blickachsen, sogenannte »Veduten«.

Wir betreten den Park gegenüber dem Haus der Frau von Stein und sehen gleich links eine merkwürdige, halbrunde Steinbank. Es ist die sogenannte Pompejanische Bank. Auf ihrer Italienreise 1788–1790 erblickte die

Ilmpark, Blick auf Goethes Gartenhaus

Herzogin Anna Amalia in der Nähe der Ausgrabungsstätten von Pompeji eine halbkreisförmige Bank, die für die Priesterin Mamia errichtet wurde und Reisenden als Ruheort diente. Sie war von dieser steinernen Bank so beeindruckt, dass sie sich auf ihr sitzend von dem Künstler Tischbein porträtieren ließ. Nach ihrer Rückkehr nach Weimar errichtete der Mainzer Bildhauer Schmidt 1799 eine ähnliche Bank für die Herzogin – als Erinnerungsort an ihre Reise.

Gehen wir 200 Meter weiter in den Park hinein, so sehen wir links, in einem Halbkreis am Steilhang zur Ilm, das Goethe-Gartenhaus unten in der Grünanlage liegen. Der Herzog, der den neu gewonnenen Freund an Weimar binden wollte, besorgte diesem einen dauernden Grund- und Wohnbesitz, wodurch Goethe Weimarer Bürger wurde. Er kaufte es unter seinem Namen, aber mit dem Geld des Herzogs, für 600 Taler von den Erben der verstorbenen ehemaligen Besitzerin Elisabeth Börner an. Es wurde nach Goethes Plänen renoviert: ein neues Dach, neue Fußböden, neue Fenster und Türen mussten her. Auch der Garten wurde aufwendig neu angelegt, mit Terrassen, Wegen und lauschigen Winkeln. Dazu kamen Beete für Blumen und Gemüse, Bäume, Büsche und Sträucher. Das kostete weitere 350 Taler, auch sie wurden aus der Privatschatulle des Herzogs bezahlt. Früher befand sich auf dem Gelände des Gartens ein Weinberg. Das hätte dem Dichter sicher gut gefallen – er war dem Weine sehr zugetan und genoss täglich um die drei Flaschen.

Am Sonntag, dem 21. April 1776, nahm Goethe offiziell sein Gartenhaus in Besitz, aber erst am 19. Mai schlief er zum ersten Mal darin. Beglückt schrieb Goethe am 17. Mai an Auguste von Stolberg:
»Hab ein liebes Gärtchen vorm Tore an der Ilm schönen Wiesen ... ist ein altes Häuschen drinne, das ich mir reparieren lasse.«
Und weiter:

»Da laß ich mir von den Vögeln was vorsingen, und zeichne Rasenbänke, die ich will anlegen lassen, damit Ruhe über meine Seele kommt. Will allein hier zum erstenmal schlafen ... Hab noch gesessen und einen englischen Garten gezeichnet. Es ist eine herrliche Empfindung dahausen im Feld allein zu sitzen ... Alles so still. Ich höre nur meine Uhr tacken und den Wind und das Wehr von ferne.«

Johann Wolfgang Goethe erwarb also den Garten samt dem darin befindlichen Haus, »nebst allem, was darinnen Erd-, Wand-, Band, Niet- und Nagelfest ist.« Emsig schaffte der Dichter am Ausbau des verwahrlosten alten Häuschens mit und war froh, als er wieder Fenster hatte und Feuer machen konnte. Ja, er blieb selbst im Winter draußen und balgte sich mit der Jahreszeit und der Kälte herum. Manchmal auch mit seinen Freunden. Der nächste, langfristig geplante Schritt in seinem kometenhaften Aufstieg in Weimar erfolgte keine drei Wochen später. Am 11. Juni trat Goethe als Grundbesitzer und neuer Weimarer Bürger in den Staatsdienst ein und zwar – trotz heftigem Widerstand der alteingesessenen Beamten – als Geheimer Legationsrat mit Sitz und Stimme im Geheimen Conseil, einem Beratergremium des Herrschers.

Sein Anfangsgehalt betrug 1200 Taler. Das Durchschnittseinkommen der höheren Beamten in Weimar betrug hingegen nur ca. 600 Taler. Da das kleine und bescheiden eingerichtete Haus auf Dauer aber nicht den Anforderungen genügte, die Amt und soziale Verhältnisse an Goethe stellten, und auch seine Bibliothek und seine Sammlungen nicht länger aufnehmen konnte, wechselte er 1782 in die Stadt, in das Haus am Frauenplan. Doch blieb das Gartenhaus sein Lieblingsort, den er pflegte und immer wieder besuchte, zum letzten Mal am 20. Februar 1832. Er liebte das Haus so sehr, dass er sogar ein Gedicht darüber verfasste:

»Übermütig sieht's nicht aus,
Hohes Dach und niedres Haus;
Allen, die daselbst verkehrt,
Ward ein guter Mut beschert.
Schlanker Bäume grüner Flor,
Selbstgepflanzter, wuchs empor.
Geistig ging zugleich alldort
Schaffen, Hegen, Wachsen fort.«

Im Gartenhaus arbeitete Goethe auch an zentralen Werken. Hier schuf er Teile der Prosafassung der *Iphigenie auf Tauris,* hier arbeitete er an den Dramen *Egmont* und *Torquato Tasso.* Bekannte Gedichte wie *An den Mond, Rastlose Liebe* und *Jägers Abendlied* entstanden hier, genauso wie große Teile seiner Faustdichtung. Heute ist das Gartenhaus als Museum eingerichtet. Eine exakte Kopie des Gebäudes entstand übrigens 1999 im Rahmen der Aktivitäten Weimars als Kulturhauptstadt Europas. Sie stand, um 90 Grad gedreht, auf der Wiese vor dem Original. Sie wurde dann auch im Jahr 2000 auf der Expo in Hannover gezeigt – seit 2002 steht sie in Bad Sulza/ Thüringen und kann dort ebenfalls besichtigt werden.

Zusätzlich zu seinen vielfältigen Ämtern betätigte sich Goethe seit 1777 auch als Osterhase. Er führte die Ostertradition, Eier für Kinder zu verstecken, in Weimar ein. Am Gründonnerstag lud er die Sprösslinge von Freunden, zu denen unter anderem auch kleine Herders und Wielande gehörten, in sein Gartenhaus zum Haseneiersuchen ein. Bis heute darf zu Ostern eine Gruppe Kindergartenkinder in Goethes Garten im Park »Haseneier« suchen.

Aber dieses erste Dichterhaus ist nicht nur Museum, sondern war leider so manches Mal auch Objekt für Einbrecher. Deshalb nun zu einem Polizeibericht:

Am 24. September 1983 ereignete sich ein Einbruch in Goethes Gartenhaus. Die Protagonisten: das nicht sesshafte Pärchen Paul und Anna. So etwas gab es tatsächlich auch in der DDR. Sie hießen nicht wirklich so, aus Gründen des Datenschutzes habe ich ihnen diese Namen gegeben. Das Paar war auf der Walz, wie man so schön sagt. Eigentlich wollten sie Unterschlupf bei Bekannten in Apolda nehmen, diese weigerten sich aber, sie aufzunehmen. Also ging es weiter Richtung Weimar. Es waren noch 12 Kilometer zu laufen, es nieselte und man war doch schon sooo müde. Die Füße taten längst weh, als man in Oberweimar ankam, es war dunkel und neblig, die Uhr ging auf Mitternacht zu. Das Paar schleppte sich durch eine Parklandschaft, wie sie sie noch nie zuvor gesehen hatten. Plötzlich tauchte rechter Hand im Dunkeln ein weißes Haus auf. Paul und Anna waren am Ende ihrer Kräfte. Paul wollte deshalb den Besitzer um ein Nachtlager bitten. Er fand aber keine Klingel, deshalb klopfte er mit der Faust mehrfach gegen die Türe. Doch der Besitzer war wohl nicht zu Hause. Aber ein Nachtquartier musste dringend her. Deshalb kletterte Paul an den Holzsprossen empor, um oben ein Fenster einzuschlagen. Auch wenn er nicht viel wog, brachen zwei Latten unter seinem Gewicht zusammen. Er drückte ein Fenster im zweiten Stock mit dem Ellenbogen ein und stieg in den Raum. Gott sei Dank – es war tatsächlich niemand zu Hause. Anna erklomm die Latten mit einigen Schwierigkeiten ebenfalls, und glücklich waren sie im Trockenen. Merkwürdig kam es ihnen allerdings vor, dass der Raum fast unmöbliert war und nur ein schmales Bett darinnen stand. Und das sah aus wie bei Dornröschen.

Sie haben natürlich schon erraten, wo unser Pärchen gelandet war. Nichtsahnend legten sie sich in das Bett des Dichterfürsten, und zwar ohne sich auszuziehen und eng aneinander gekuschelt, weil es so kalt war. Nur die Schuhe, die wenigstens wurden abgeworfen.

Am nächsten Morgen wurde das Paar schnöde aus dem Schlaf gerissen, denn der Einbruch und die kaputten Sprossen am Haus waren bemerkt worden. Die Volkspolizei stand vor ihnen und wollte wissen, ob sie sich nicht schämten, in so ein berühmtes Haus einzusteigen und in diesem berühmten Bett zu schlafen. Aber Paul zuckte nur unwissend mit den Schultern. Polizei: »Mensch, ihr habt in Goethes Gartenhaus kampiert und in des Dichters Bett geschlafen!« Paul erwiderte mit erneutem Schulterzucken: »Goethe? Den kenn ich nicht.« Das Duo wurde festgenommen und über den Dichter aufgeklärt.
Was Goethe dazu gesagt hätte, können wir uns leider nur denken.

Nach dieser erschröcklichen Geschichte gehen wir nun noch einmal 200 Meter weiter, denn dort befindet sich links am Steilhang der Ilm eine Felsentreppe, das sogenannte Nadelöhr. Sie ist nicht nur ein schöner, in den Fels gehauener Aufstieg, sondern auch untrennbar mit einem Hoffräulein des Weimarer Hofes verbunden: Christiane Henriette von Laßberg (gest. 1778). Sie brachte Goethe, der sie bei einem Sturz auf der Eisbahn aufgefangen haben soll, eine schwärmerische, unglückliche Liebe entgegen. Nach ihrer gescheiterten Verlobung mit dem livländischen Offizier von Wrangel sprang das 17-jährige Freifräulein aus Liebeskummer im Park an der Floßbrücke, gegenüber von Goethes Gartenhaus, angetan mit einem schweren Reifrock, in die Ilm. Es war der Abend des 16. Januar 1778, es war kalt und dunkel. Sie ertrank und wurde am nächsten Wehr von Goethes Diener Philipp Seidel tot aus dem Wasser geborgen. Bei sich hatte sie, in einer Tasche ihres Reifrockes, ein Exemplar von Goethes *Die Leiden des jungen Werther*, einem Selbstmörderroman. Bereits in der nächsten Nacht wurde sie »standesgemäß bey Fackeln beerdigt.« Ein Abschiedsbrief ist nicht überliefert. Die Selbsttötung blieb in der Weimarer Presse leider unerwähnt. Goethe war von dem Vorfall, auch wegen der Nähe zu seinem Gartenhaus, sehr betroffen. Er bestimmte deshalb, ihr zum Gedenken, diese Treppe in den massiven Felsen zu graben, dazu sollten Bäume mit dunklen Blättern gepflanzt werden. Damit wollte er den Eingang in die Unterwelt symbolisieren. 1782 schrieb Goethe dazu das Gedicht *Einsamkeit*:

»Die ihr Felsen und Bäume bewohnt, o heilsame Nymphen,
Gebet jeglichem gern, was er im Stillen begehrt!
Schaffet dem Traurigen Trost, dem Zweifelhaften Belehrung,
Und dem Liebenden gönnt, dass ihm begegne sein Glück.
Denn euch gaben die Götter, was sie den Menschen versagten:
Jeglichem, der euch vertraut, tröstlich und hilfreich zu sein.«

Aber es gab auch ein erfreulicheres Ereignis, das diese Treppe und den Blick von ihr in den Park so einmalig machte: Auf der Wiese gegenüber sah Goethe zum ersten Mal seine spätere Ehefrau Johanna Christiana Sophie Vulpius, genannt Christiane (1765–1816). Sie verbrachte ihre Kindheit in der Luthergasse, einem der ältesten Teile Weimars. Die Familie war arm, Christiane wuchs in sehr bedrängten Verhältnissen auf. Sie war deshalb gezwungen, eine Stelle in einer kleinen Weimarer Manufaktur bei Caroline Bertuch anzunehmen. Sie nähte Kunstblumen. Goethes spätere Frau, eine Arbeiterin! Was sollte das noch für einen Klatsch geben. Aber dann passierte es: Am 18. Juni 1788 kehrte Goethe, nach fast zwei Jahren, von seiner ersten Italienreise zurück nach Weimar. Genau 25 Tage später, am 12. Juli, lernte er die etwas untersetzte, hübsche, vollbusige und schwarzäugige Christiane im Park an der Ilm kennen. Allerdings war es kein Zufall, sondern Absicht, die Christiane dazu trieb, an diesem Morgen an der Floßbrücke, gegenüber dem Gartenhaus, auf Goethe zu warten. Sie wollte ihm eine Bittschrift für ihren Bruder, Christian August (1762–1827), überreichen. Christian, damals ein bekannter Schriftsteller, schrieb Räuber- und Ritterromane. Sein bekanntestes Werk ist die *Geschichte des Räubers Rinaldo Rinaldini*. Trotzdem konnte er davon offensichtlich nicht leben. In seinem Bittbrief ersuchte er Goethe um eine Anstellung bei Hofe.

Als Christiane den Geheimrat kommen sah, lief sie ihm entgegen und Goethe war wohl auf der Stelle angetan von der jungen Schönheit. Denn für den gleichen Abend lud er sie in sein Wohnhaus am Frauenplan ein.

»Komm, wenn es dunkel ist, hinten zur Gartenpforte meines Hauses an der Ackerwand. Ich lass dich selbst herein …« Christiane wurde also noch am selben Abend seine Geliebte. Jedenfalls feierten sie an diesem Tag jedes Jahr ihren Hochzeitstag. Obwohl sie erst 18 Jahre später heirateten und das an einem ganz anderen Tag: am 19. Oktober 1806.

Der zunächst heimliche Liebesbund wurde erst Anfang 1789 öffentlich: »Ich habe nun das Geheimnis von der Stein selbst, warum sie mit Goethe nicht mehr so recht gut sein will. Er hat die junge Vulpius zu seinem Klärchen gemacht, und lässt sie oft zu sich kommen …«, schrieb Maria Caroline Herder (1750–1809) am 8. März 1789 an ihren Mann. Was fast alle Biografen verschweigen, ist, dass Goethe im September 1790 der damals erst 21-jährigen Henriette Freiin von Lüttwitz (1769–1799) einen Heiratsantrag gemacht hatte. Auf seiner schlesischen Reise lernte Goethe, der bereits Vater geworden war, Henriette im Spätsommer 1790 kennen. Er wurde aber von ihrem Vater aus Standesrücksichten abgelehnt. Goethe selbst bewahrte zeitlebens Stillschweigen über die Affäre. Erst der Bruder Henriettes, Ernst Freiherr von Lüttwitz (1776–1837), machte Goethes Antrag bekannt. Er hätte Christiane also mitsamt seinem noch nicht einjährigen Sohn abgeschoben, wenn ihm die adlige Heirat einen besseren Stand in der Hofgesellschaft geboten hätte! Wer hätte das gedacht?

An dieser Anekdote wird deutlich, dass Christiane mit ihrer Beziehung ein großes Risiko einging und dass sie dies auch gewusst haben musste. War sie sich Goethes Liebe anfangs noch sicher, konnte am nächsten

Tag schon alles ganz anders aussehen. Was, wenn er sie verstoßen hätte? Als ehemalige Mätresse eines hoch gestellten Herrn wäre sie keine ehrbare Person mehr, sondern eine Hure. Arme Christiane. Denn spätestens im Mai 1789 musste sie gewusst haben, dass sie schwanger war. Im Weimar der Goethezeit galt eine uneheliche Schwangerschaft als Verbrechen – sogar einen solchen Tatbestand zu verbergen, war strafbar! Geldstrafen sowie die öffentliche Kirchenbuße drohten. Darauf musste die »Verbrecherin« in der Kirche die sogenannte »Schwurhand« leisten, das heißt, sie musste vor den Gläubigen unter Eid den Vater des Kindes nennen. Den erwartete dann eine Gefängnisstrafe. Eine große Schande. Goethe als unehelicher Schwängerer im Gefängnis? Natürlich war das unvorstellbar. Seine hohe Stellung bewahrte ihn davor. Aber was wäre aus seiner jungen Frau geworden? Sie war ganz auf seinen Schutz angewiesen. Froh war sie über diese Schwangerschaft also wohl erst einmal nicht.

Doch Goethes Beziehung zu Christiane entwickelte sich. Schon bald musste Goethe einen Schlosser rufen. Der Weimarer Schlosser Spangenberg, auch für Holzarbeiten zuständig, schickte eine Rechnung nach der anderen: »Bett beschlagen, 6 Paar zerbrochene Bänder dazu mit Nägeln ... ein Neu gebrochenes Bette beschlagen ... Noch ein Neues Bett beschlagen zum Unterschieben. Damit das obere besser hält.«

Goethes Bett war wohl nicht für zwei gebaut. Immer wieder betonte Christiane später in ihren Briefen ihre Sehnsucht nach dem Geliebten. Denn wenn sie sich sehr zärtlichkeitsbedürftig fühlte, beschrieb sie sich selbst als »hasig« und sehnte sich nach einem »Schlampampen-Stündchen«, und zwar sehr dringlich und konkret mit dem »Herrn Schönfuß«, wie sie Goethes bestes Stück nannte, das sie als »halbfußlange prächtige Rute« pries. Goethe selber nannte sein bestes Stück »Meister Iste«. Und zwar in den anstößigsten Zeilen seines Gedichtes *Das Tagebuch*. Das Wort »Iste« kommt aus dem Lateinischen und bedeutet: Dieser hier, dieses Ding da. Und dort steht:

»Und als ich endlich sie zur Kirche führte,
Gesteh' ich's nur, vor Priester und Altare,
Vor deinem Jammerkreuz, blutrünstiger Christe,
Verzeih mir's Gott, es regte sich der Iste ...«

Nachdem die Seidenblumennäherin zu Goethe gezogen war, zerriss sich ganz Weimar das Maul – und schnitt das Paar jahrelang. Doch Goethe stand zu ihr. Aber heiraten? Nein. Wie immer nicht. Als Geliebte ja, aber leider war sie nicht von Adel wie Henriette. Goethe indes war wohl auch so ganz zufrieden mit dem Arrangement.

Die Weimarer Klatschbasen aber nicht. An Beleidigungen, mit denen Christiane bedacht wurde, finden wir unter anderem: Die »Mätresse« oder »Hure«, »Goethes Kreatürchen«, seine »dicke Hälfte« oder auch »Goethes Magd«. Das sagte Wieland. Und laut Charlotte von Schiller war Christiane ein »rundes Nichts«. Charlotte von Stein sagte 1805 zu ihrem Sohn Fritz:

»Seine Demoiselle, sagt man, betrinkt sich alle Tage, wird aber dick und fett, der arme Goethe, der lauter edle Umgebung hätte haben sollen!«

Die Schriftstellerin Klara Hofer schreibt in *Goethes Ehe* 1922:

»Der Gedanke, Christiane irgendwie als gleichberechtigte Ergänzung Goethes betrachten zu wollen, muß im übertragenen Sinne genau so grotesk erscheinen, wie etwa die Zumutung, eine der farbigen Frauen der Kolonien für die würdige Genossin eines großen Kolonialmannes halten zu sollen.«

Thomas Mann in seiner *Phantasie über Goethe* 1948:

»... zur Entrüstung aller Leute von Stand und Moral nahm er sich ein kleines Blumenmädchen, sehr hübsch und gründlich ungebildet, un bel pezzo di carne, Christiane Vulpius mit Namen als Bettschatz ...«

Un bel pezzo di carne – ein schönes Stück Fleisch! Arme Christiane!

Dies änderte sich erst mit den Kriegshandlungen im Jahre 1806. Nach der Schlacht gegen Napoleon bei Jena, als Weimar von französischen Soldaten geplündert wurde, war auch das Haus am Frauenplan bedroht. Am 14. Oktober 1806 trat Christiane den betrunkenen Soldaten, die in das Haus eingedrungen waren, energisch entgegen und konnte Goethe, der von französischen Degen bedroht war, retten. Wenige Tage später, am 19. Oktober 1806, wurden beide recht heimlich in der Sakristei der Jakobskirche getraut. In der »Allgemeinen Zeitung« war als Reaktion zu lesen:

»Goethe ließ sich unter dem Kanonendonner der Schlacht mit seiner vieljährigen Haushälterin Dlle. Vulpius trauen, und so zog sie allein einen Treffer, während viele tausend Nieten fielen.«

Christiane, lebensfroh und praktisch veranlagt, nahm sich energisch des umfangreichen Hausstandes an. Auch regelte sie nach dem Tode von Goethes Mutter, Frau Elisabeth, in Frankfurt am Main die Erbschaftsangelegenheiten. Ihre große Liebe aber galt dem Theater. Häufig besuchte sie die Vorstellungen am Weimarer Hoftheater, aber auch an der Spielstätte in Bad Lauchstädt, wo man die Sommermonate zu verbringen pflegte, war sie oft zugegen und flirtete heftig mit den Schauspielern.

Ihr Briefwechsel mit Goethe belegt, dass sie ästhetisches Empfinden hatte und feine, bis ins Einzelne gehende Beurteilungen der Schauspieler und der Vorstellungen fertigen konnte. Ohne sie, gestand Goethe, hätte er das Theaterwesen in Bad Lauchstädt nicht weiterführen können. Das waren freilich Seiten, die vielen, auch engen Bekannten Christianes, verborgen blieben. Mit zunehmendem Alter verschlechterte sich aber ihr Gesundheitszustand. 1815 erlitt sie einen Schlaganfall. Im folgenden Jahr kam unter starken Schmerzen ein Versagen der Nierenfunktion hinzu. Nach einer Woche qualvollen Leidens starb sie am 6. Juni 1816. Vielfach wird behauptet, Goethe habe ihr Tod nicht berührt, er sei nicht einmal an ihr Sterbebett gekommen. Diese Behauptung stammt von Johanna Schopenhauer:

»Der Tod der armen Goethe ist der furchtbarste, den ich nennen hörte. Allein, unter den Händen gefühlloser Krankenwärterinnen, ist sie, fast ohne Pflege gestorben; keine freundliche Hand drückte ihr die Augen zu, ihr eigener Sohn ist nicht zu bewegen gewesen zu ihr zu gehen, auch Goethe selbst wagte es nicht.«

Andere Biografen erzählen allerdings etwas gänzlich anderes. So wird berichtet, dass Goethe, der sich sonst stets zu fassen und zu beherrschen wusste, bei dem Sterbelager seiner Frau, ganz außer sich, niederkniete, ihre Hände ergriff und ihr zurief: »Du darfst mich nicht verlassen! Nein, nein, du darfst mich nicht verlassen!« Wie dem auch sei, die Beisetzung, an der Goethe tatsächlich nicht teilnahm, fand auf dem Jakobsfriedhof in Weimar statt, um halb fünf Uhr in der Früh. Ihr Grab war lange Zeit verschollen und wurde erst 1888 wieder aufgefunden. Wir werden ihm am Ende nochmals begegnen. Auf der Grabplatte stehen Goethes Abschiedsverse:

»Du versuchst, o Sonne, vergebens,
Durch die düstren Wolken zu scheinen!
Der ganze Gewinn meines Lebens
Ist, ihren Verlust zu beweinen.«

DIE DOPPELRUINE

MAUERSTÜCKE, BOMBENTREFFER

Wir verlassen die Felsentreppe und gehen nach links, den Hang hinauf, zu den beiden Ruinen, die sich schmuckvoll in den Park einfügen. In klassischer Zeit war es üblich, Parks im Stil eines englischen Gartens mit künstlichen Ruinen zu schmücken. Zur Parkseite erhebt sich eine Mauer mit Fensteröffnungen, die aussieht wie ein abgebrochenes Haus, auf der Westseite ein Turm im neogotischen Stil. Eine der Ruinen war tatsächlich früher ein richtiges Gebäude, die andere ist bereits als Ruine konzipiert worden.

Aber welche ist welche? Östlich, dem Park zugewandt, steht eine alte Schießmauer der Weimarer Büchsenschützen, die als Kugelfang diente. 1784 wurde sie im Zuge der Parkumgestaltung verändert. Es wurden Fenstergewände geschaffen, um den Anschein einer Ruine zu erzeugen. Sie sollte das Vergängliche symbolisieren. Mauerstücke des 1774 abgebrannten Stadtschlosses wurden hinzugefügt, zum Beispiel Steinkugeln, Löwenköpfe und Teile von Treppen. Diese Ruine war also nie ein wirkliches Gebäude, der untere Teil wurde später unter anderem als Theaterkulisse genutzt. Hier steht auch das einzige Ganzkörperdenkmal von Shakespeare auf europäischem

Festland. Zum 40. Gründungstag der Shakespeare-Gesellschaft in Weimar, am 23. April 1904, wurde das von Bildhauer Otto Lessing (1846–1912) geschaffene Monument im Park an der Ilm aufgestellt und eingeweiht. Lessing hat Shakespeare auf diesem Denkmal mit zwei verschiedenen Gesichtsausdrücken dargestellt. Beim Blick von rechts wirkt das Gesicht ernst und nachdenk-

Shakespeare Denkmal

lich, während die Gesichtszüge beim Blick von der linken Seite verschmitzt lächelnd wirken. Als weiteres Zeichen für diese beiden Charakterzüge hat Lessing zu Füßen Shakespeares einen Totenkopf mit Narrenkappe abgebildet. Sehen Sie es sich an.

Die zweite Ruine ist das Tempelherrenhaus, es wurde 1811 an die Stelle eines alten Gewächshauses erbaut. 1816/17 kam, unter Mitwirkung von Goethe, der Turm hinzu. Er und Herzog Carl August ließen das Gebäude zu einem Salon für Konzerte, Empfänge oder Ausstellungen umbauen. An den äußeren Ecken dieses Salons standen früher vier Ritterskulpturen, die Tempelherren darstellten – daher der Name. Heute ist es nur noch einer. Später wurde das Gebäude zum Sommerhaus der Fürstenfamilie umfunktioniert und auch als Konzertsaal verwendet. Hier musizierten unter anderem Ferruccio Busoni (1866–1924) und Franz Liszt. Ab 1919 war das Gebäude auch Atelier des Bauhauses. Rauschende Feste der Schule sind hier verbürgt. Wir werden später noch davon hören. Im März 1945, zum Ende des Zweiten Weltkrieges, fiel das Gebäude einem Bombenangriff zum Opfer. Übrig blieb nur der Turm. Ein Wiederaufbau nach dem Kriege unterblieb, nur die Turmruine wurde 1998 restauriert. Es gibt allerdings Pläne für einen Wiederaufbau. Erwähnenswert ist zudem ein sehr alter Efeu am Turm, an dem der Autor als Kind schon spielte.

Aber warum wurde das Gebäude nach dem Bombentreffer nicht restauriert und wiederhergestellt? Pläne dazu gab es wohl nach dem Krieg, aber zuerst musste man die Wohnhäuser in Weimar, die Stadtkirche und die klassischen Stätten wiederaufbauen. Doch den Weimarern ging der Wiederaufbau ihrer Häuser nicht schnell genug, sie wollten nicht warten. Und da lag, vor ihrer Nase, das teilweise zerstörte Tempelherrenhaus. Bei der Bombardierung wurde nur ein Teil des Gebäudes zerstört, das Flachdach und der hintere Gebäudeteil. Was lag also näher, als sich zu bedienen? Die Weimarer kamen, erst einzeln, dann in Massen, um sich den einen oder anderen Sandsteinquader zu sichern und ihn zur Reparatur ihrer Gebäude zu benutzen. Kurze Zeit später war die ehemalige Halle abgerissen.

Tempelherrenhaus

Wir begeben uns etwa 200 Meter weiter geradeaus, überqueren den Weg und finden uns auf dem Beethovenplatz wieder. Hier befinden sich zwei gegenüberstehende Steinstühle – das Goethe-Hafis-Denkmal.

Der Beethovenplatz, unter dem sich heute eine Tiefgarage befindet, hieß nicht immer so – ursprünglich war der Name Carl-Alexander-Platz, benannt nach dem vorletzten Weimarer Großherzog. Doch die Amerikaner nannten ihn während ihrer kurzen Besatzungszeit nach dem Zweiten Weltkrieg um. So wie die meisten Straßen und Plätze in Weimar, deren Namen etwas mit dem Nationalsozialismus oder dem Fürstentum zu tun hatten.

Carl Alexander ließ das Thüringische Hauptstaatsarchiv erbauen, es ist das weiße Gebäude, welches wir an der südlichen Seite des Platzes sehen. Es wurde 1883 bis 1885 als Archivzweckbau vom Architekten Carl Heinrich Ferdinand Streichhan (1814–1884) errichtet und beherbergt heute die schriftlichen Hinterlassenschaften Weimars bis zum Jahr 1920. Das Gebäude ist im Stil der italienischen Renaissance errichtet und war eines der ersten Archivgebäude im damaligen Deutschen Reich. Es entstand als Zentralarchiv der ernestinischen Linie des Hauses Wettin. Die älteste Urkunde im Gebäude datiert vom 12. Februar 944. Darin überweist Kaiser Otto I. einem Mönchsorden mehrere Güter.

Und hier steht auch das Goethe-Hafis-Denkmal. Es erinnert mit zwei sich gegenüberstehenden granitenen Stühlen, die ost-westlich ausgerichtet sind, an die Begegnung Goethes mit dem Werk des persischen Dichters Hafis, eigentlich: Muhammad Šams ad-Dīn (um 1320 – um 1389). Wir haben am Ginkgobaum schon von ihm

Goethe-Hafis-Denkmal, Beethovenplatz

gehört. Er wurde in der persischen Stadt Schiras geboren. Schon im Kindesalter erhielt er den Ehrennamen »Hafis« (jener, der den Koran auswendig kann). Goethe las seine Texte, die erst kurz zuvor ins Deutsche übersetzt worden waren, und war tief beeindruckt. Er empfand eine innige Geistesverwandtschaft mit dem persischen Poeten des 14. Jahrhunderts. Das Denkmal wurde im Jahre 2000, anlässlich eines Staatsbesuchs, durch den damaligen iranischen Präsidenten Mohammad Chătami und Bundespräsidenten Johannes Rau eingeweiht. Es soll die miteinander verbundenen »Zwillingsbrüder im Geiste«, wie Goethe seine Beziehung zu Hafis bezeichnete, im Diskurs darstellen. Gestaltet wurde das Denkmal von Ernst Thevis und Fabian Rabsch. Die beiden überdimensionalen Stühle sind aus einem Granitblock geschnitten, zwei Teile eines Ganzen, die zusammengefügt wieder den ursprünglichen Steinblock ergeben würden. Sie stehen auf einer bronzenen Sockelplatte, die – im Gegensatz zu den klaren Formen der Stühle – reich mit persischer Ornamentik verziert ist. Im Zentrum des Bronzeteppichs sind in persischer Kalligraphie Verse von Hafis eingelassen, während die Enden an den beiden Schmalseiten der Platte, quasi die Teppichfransen, mit Goethe-Versen geschmückt sind:

»Herrlich ist der Orient
übers Mittelmeer gedrungen
Nur wer Hafis liebt und kennt,
weiß was Calderon gesungen.
Wer sich selbst und andre kennt
Wird auch hier erkennen
Orient und Okzident
sind nicht mehr zu trennen.«

West-östlicher Divan
Johann Wolfgang von Goethe 1819

Und nun, verehrte Leser, verlassen wir den Beethovenplatz und das Hafis-Denkmal und begeben uns zu Goethes Wohnhaus.

Oder vielleicht doch nicht? Ich habe noch einen etwas längeren Rundgang für Sie. Wer mit mir noch etwas ausgiebiger unterwegs sein möchte, der promeniert wieder ein Stück zurück und biegt vor der Ruine des Tempelherrenhauses rechts ab. Nach 200 Metern erreichen wir den Sowjetischen Ehrenfriedhof und die Parkhöhle. Der Weg führt uns weiter zum Liszt-Haus, Bauhaus und Historischen Friedhof.

Alle, die einen kürzeren Weg wählen möchten, gehen bitte über den Beethovenplatz und durchqueren eine kleine Gasse, gegenüber dem Archiv. Durch diese »Seifengasse« geht es links zum Wohnhaus von Johann Wolfgang von Goethe am Frauenplan. Die Gasse hat ihren Namen übrigens von den Seifensiedern, die hier, außerhalb der ehemaligen Stadtmauer, ansässig waren. Aufgrund des Gestankes war das wohl auch gut so. Die Pflasterung ist, nebenbei bemerkt, dieselbe wie zu Goethes Zeiten. An seinem Wohnhaus, auf Seite 127, sehen wir uns dann wieder.

Für alle anderen: Folgen Sie mir zu unserem erweiterten Rundgang!

SOWJETISCHER FRIEDHOF UND PARKHÖHLE

KRIEGSENDE UND BIER

Nach etwa 200 Metern erreichen wir rechter Hand den »Sowjetischen Ehrenfriedhof« im Park an der Ilm. Er hat die Größe von etwa 0,7 Hektar, wurde im Sommer 1945 für gefallene Soldaten der Roten Armee angelegt und unterliegt dem Kriegsgräberschutz. Da die Rotarmisten beim Einzug in Weimar am 3. Juli 1945 noch viele Verwundete mit sich führten, musste für die dann Verschiedenen schnell ein letzter Ruheort geschaffen werden. Sie requirierten einen Teil des Parkes, und die Weimarer Bürger wurden gezwungen, Friedhof und Mauer anzulegen. 1945/46 wurden hier insgesamt 649 im Krieg getötete bzw. an Kriegsfolgen verstorbene Angehörige der Roten Armee bestattet. Nach 1946 wurde er nicht mehr weiter belegt. Jedes Jahr am 1. Mai marschierten die sowjetischen Soldaten in Formation feierlich zum Ehrenfriedhof, um ihrer Toten zu gedenken, das letzte Mal 1994. Der Autor hat es selbst miterlebt.

Auf der gegenüberliegenden Seite sehen Sie … Nun ja, eigentlich nicht viel, eine Betonmauer und Treppen, die in die Erde führen. Es sieht aus wie der Eingang

Sowjetischer Ehrenfriedhof, Eingang

in eine Tiefgarage. Aber hier geht es in die Weimarer Unterwelt, in die Parkhöhle, in ein unterirdisches Stollensystem. Ihre Entstehung verdankt die Höhle einem natürlichen Kavernensystem aus Travertingestein, einem Süßwassermuschelkalk, und dem Wunsch von Herzog Carl August nach einer eigenen Brauerei. Denn der Herzog trank neben Wein auch gerne dunkles Bier. Deshalb ließ er zwischen 1794 und 1796 hier einen circa 500 Meter langen Stollen anlegen, der das Brauchwasser der geplanten Brauerei ableiten sollte. Aus der Brauerei wurde aber nichts. Man nutzte den Stollen deshalb zwischen 1797 und 1815 als Bierlagerstätte und zum Sand- und Kiesabbau. Es entstand ein weitverzweigtes System von Gängen und Tunneln. Gegen Ende des Zweiten Weltkriegs wurde ein Teil der Anlage als Luftschutzbunker für die Weimarer ausgebaut. Dieser Bereich beherbergt heute das Museum der Parkhöhle. Von 1992 bis 1999 wurde das teilweise verfüllte und baufällige Stollensystem in einer aufwendigen Sanierungsaktion ausgegraben und wieder zugänglich gemacht. Seitdem bietet die Parkhöhle ihren Besuchern einen unterirdischen Streifzug durch 200 000 Jahre Weimarer Erd- und Menschheitsgeschichte. Der Stollen der Kaverne verläuft durch die lockeren Schichten des Flussschotters und der Sedimente der Ilm.

Der Sammler Goethe fahndete hier schon als 30-Jähriger nach Fossilien, 105 Objekte seiner umfassenden geowissenschaftlichen Sammlung fand er hier. Auch zahlreiche Fossilien aus der Eiszeit und Versteinerungen von Pflanzen und Tieren entdeckte und beschrieb er an diesem Ort und untersuchte sie genauer. Sein Fazit: Diese alten Steinformationen zeugen von einem vorzeitlichen See, der sich vor langer Zeit an dieser Stelle befand. Damit hatte er recht.

Der Ausgang des Stollens befindet sich übrigens unterhalb der Felsentreppe, die wir schon kennengelernt haben, an einer Quelle. Dort, wo die unglückliche Christiane Henriette von Laßberg starb.

DAS WOHNHAUS VON FRANZ LISZT

EIN KÜNSTLER, ZWEI FRAUEN UND DREI KINDER

Nur etwa 100 Meter weiter Richtung Marienstraße und Parkausgang können Sie rechter Hand ein schlichtes gelbes Gebäude ins Auge fassen. Das Anwesen wurde 1798/99 als Wohn- und Dienststelle des großherzoglichen Hofgärtners erbaut. Aber auch ein weiteres Genie der Zeit nach Goethe wohnte hier: Der Komponist Franz Liszt (1811–1886).

Im Jahre 1842 wurde Liszt nach Weimar berufen, bekam aber zunächst nur die Stellung eines »Kapellmeister[s] in außerordentlichen Diensten« bei Großherzog Carl Friedrich, ein noch unbesoldetes Ehrenamt. Der Titel diente vor allem dazu, ihn an Weimar zu binden. 1848 wurde er dann fest angestellt. In diesem Gebäude lebte er aber noch nicht, sondern in der Altenburg, einem herrschaftlichen Haus an der heutigen Jenaer Straße, welches man leider nicht besuchen kann. Der Name »Altenburg« geht auf den einstigen Flurnamen »Die Alte Burg« zurück.

Die Weimarer Jahre waren die künstlerisch produktivste Zeit Franz Liszts. Viele seiner Klavierwerke schrieb er hier, so die *Klaviersonate in h-Moll*, den *Zyklus Harmonies*

Liszt-Haus

poétiques et religieuses, fünfzehn *Ungarische Rhapsodien* sowie auch zahlreiche Klavierauszüge und Revisionen früherer Klavierwerke, beispielsweise die *Paganini-Etüden*.

Für Erheiterung und Staunen sorgten damals aber vor allem die amourösen Abenteuer des Charmeurs Franz Liszt, welche schon zu seinen Lebzeiten die Runde machten. Gleich mit zwei Frauen hatte er eine längere Beziehung. Beide verließen ihre Heimat und ihre Ehemänner, um mit Liszt unverheiratet zusammenzuleben – ein Affront sondergleichen in der damaligen Zeit.

Zuerst war er mit der Gräfin Marie Catherine Sophie de Flavigny, verheiratete Comtesse d'Agoult (1805–1876), liiert. Im Dezember 1832 lernte Franz Liszt sie bei einem Hauskonzert in Paris kennen und war von ihrer Persönlichkeit fasziniert. Sie wurde seine Geliebte und verließ im Juni 1835 ihren Ehemann und ihre Tochter, um nach Basel zu reisen, wo Liszt sie erwartete. Aus dieser Beziehung gingen drei Kinder hervor. Zuerst kam Blandine (1835–1862) und dann die Ihnen vielleicht bekannte Cosima (1837–1930), die später Ehefrau von Richard Wagner wurde. Und schließlich wurde noch ein Junge, Daniel Liszt (1839–1859), geboren, der bereits im Alter von 20 Jahren starb. 1844 erfolgte, nach endlosen Streitereien, der endgültige Bruch Liszts mit der ohnehin nur noch locker bestehenden Beziehung zu Marie d' Agoult.

Der Künstler reiste nun rastlos von Konzert zu Konzert durch Europa und hatte zahlreiche Affären mit Verehrerinnen. Auf einer Konzertreise 1847 begegnete er dann der Fürstin Carolyne zu Sayn-Wittgenstein (1819–1887) bei einem Benefizkonzert in Kiew. Carolyne zahlte 100 Rubel für ihre Karte. Liszt besuchte sie daraufhin in ihrem Hotel, um sich zu bedanken. Es muss Liebe auf den ersten Blick gewesen sein – bei beiden. Aus der Begegnung erwuchs schnell eine intime Beziehung. Nachdem Liszt zweimal auf ihrem Gut Woronice zu Besuch gewesen war, verließ Carolyne, die sich vorher durch einen Grundstücksverkauf heimlich eine Million Rubel beschafft hatte, im April 1848 mit ihrer kleinen Tochter Marie (1837–1920) fluchtartig Russland und folgte Liszt nach Weimar. Beide lebten in der Altenburg wie ein Ehepaar, aber unverheiratet, zusammen. Ein Skandal für das prüde protestantische Weimar, besonders als bekannt wurde, dass beide gläubige Katholiken waren, Carolyne Zigarre rauchte, gern Cognac trank und sich so gar nicht um gesellschaftliche Konventionen scherte.

Doch um endlich heiraten zu können, bedurften Liszt und Carolyne noch der Annullierung ihrer ersten Ehe durch den Papst. So begab sie sich im Mai 1860 nach Rom, wo sie am 24. September des gleichen Jahres die Auflösung auch erreichte. Sofort plante sie den nächsten Schritt und organisierte ihre Traumhochzeit mit Liszt, die für dessen 50. Geburtstag am 22. Oktober 1861 in der Kirche San Carlo al Corso angesetzt wurde. Doch im letzten Augenblick – Liszt war erst im Herbst 1861 aus Weimar nach Rom angereist – erwirkten missgünstige Verwandte der Fürstin bei Papst Pius IX. eine Revision seines Entscheides. Das Heiratsprojekt war somit gescheitert. Das war der Nagel im Sarg ihrer Beziehung, beide trennten sich.

Ein Jahr nach Carolyne traf Richard Wagner (1813–1883) am 13. Mai 1849 in Weimar ein. Der Revolutionär, Barrikadenkämpfer in Dresden und Besitzer eines falschen Passes, logierte im Weimarer Hotel »Zum Erbprinz«. Er suchte Schutz bei Franz Liszt, seinem Freund und Gönner. Als Richard Wagner nämlich wegen seiner Beteiligung an den Dresdner Maiaufständen 1848/49 flüchten musste, verhalf ihm Franz Liszt zu falschen Papieren, mit denen er in die Schweiz und später nach Frankreich fliehen konnte. In dieser Zeit gelang es Liszt auch, den Kompositionen Wagners zu größerer Bekanntheit in Weimar zu verhelfen, denn 1849 wurde der Tannhäuser aufgeführt und 1850 der Lohengrin sogar uraufgeführt, dieser übrigens zu Goethes 101. Geburtstag. Franz Liszt dirigierte in Weimar 36 Werke von Richard Wagner. Aber die guten Beziehungen der beiden Komponisten hielten nicht ewig. Als Liszts Tochter Cosima 1864 ihren Mann, den Dirigenten

Hans von Bülow, verließ und Richard Wagner folgte – sie heirateten schließlich 1870 –, war das Verhältnis zwischen Wagner und Liszt erheblich gestört. Erst 1872 verbesserte sich die Beziehung langsam wieder. Gleichwohl: Von Wagners frühzeitigem Tod 1883 erfuhr Liszt nur durch eine Mitteilung Cosimas, die aber seine Anwesenheit bei der Beerdigung als unerwünscht betrachtete.

In Weimar widmete sich Franz Liszt verstärkt der Komposition von Orchesterwerken, allen voran den sinfonischen Dichtungen. Jetzt bekam er als Unterkunft endlich das ehemalige Gärtnerhaus gestellt, vor dem wir nun stehen. Hier unterrichtete er seine internationale Schülerschar an drei Nachmittagen der Woche. Seine Sonntagsmatineen fanden besondere Beachtung. Vorwiegend weilte Liszt zu dieser Zeit im Sommer in Weimar, während er in den verbleibenden Monaten in Rom und Budapest lebte. Und es war ebenfalls Liszt, der am 22. September 1857, bei der Einweihung des Goethe-Schiller-Denkmals auf dem Theaterplatz in Weimar, im Hoftheater die *Faust-Symphonien* dirigierte. Und das auch zu Ehren des 100. Geburtstages des Großherzogs Carl August. Sein Amt als Hofkapellmeister legte Liszt 1859 allerdings erbost nieder, als die Uraufführung der Oper *Der Barbier von Bagdad* des Komponisten Peter Cornelius (1824–1874) vom Publikum in seinem Beisein niedergezischt wurde. Doch trotz allem waren die Weimarer Jahre die künstlerisch produktivste Zeit Franz Liszts.

Unmittelbar nachdem der Komponist 1886 in Bayreuth gestorben war, verfügte Großherzog Carl Alexander, dass die Wohnung unverändert bleiben sollte. Bereits im Mai 1887 wurde in diesen Räumen im ersten

Stockwerk das erste Liszt-Museum eingeweiht. Und die Musikhochschule in Weimar heißt offiziell »Hochschule für Musik Franz Liszt Weimar«. Das hätte ihn mächtig gefreut, Franz Liszt hat sich nämlich lange dafür eingesetzt, Musikschulen zu gründen. Und genau hier in Weimar, wo Liszt eine Zeit lang lebte und als Dirigent arbeitete, wurde tatsächlich die erste deutsche »Orchesterschule« gegründet.

Liszts ehemaliges Haus wurde schnell zur Wallfahrtsstätte und seine langjährige Haushälterin, Pauline Apfel, führte schon bald die ersten Bewunderer durch das ehemalige Anwesen des Komponisten. Sie war eine eindrucksvolle, stattliche Dame, die man nur im schwarzen Taftkleid, mit einem kleinen weißen Kragen, schönem weißen Haar und mit strahlendem Lächeln kannte. Und der letzte, langjährige Diener von Franz Liszt, der den merkwürdigen Namen Spiridion Knesevits trug, kaufte sich von seinem hart erarbeiteten Geld 1887 einen Tabakladen in der Weimarer Wielandstraße.
Es gibt ihn auch heute noch.

DAS STAATLICHE BAUHAUS ZU WEIMAR

MAX, HENRY, WALTER, LYONEL, PAUL, WASSILY, OSKAR UND JOHANNES

Wir verlassen Franz Liszt und begeben uns über den Fußgängerüberweg an der Marienstraße zum Hauptgebäude der heutigen Bauhaus-Universität, welches wir linker Hand sehen. Entworfen und ausgeführt wurde das Gebäude vom belgischen Designer Henry Clement van de Velde (1863–1957).

1860 gründete der Weimarer Großherzog Carl Alexander hier die Kunstschule Weimar, nachdem die geistesgeschichtliche Glanzperiode Weimars mit Goethe und Schiller Vergangenheit war. Nun sollte eine neue kulturelle Bedeutung mit bildender Kunst und Musik zurückgewonnen werden. Die Weimarer Lehranstalt wurde zu einer der führenden deutschen Kunstschulen des 19. Jahrhunderts und ging unter dem Begriff »Weimarer Malerschule« in die Kunstgeschichte ein. Die Studenten kamen aus ganz Europa, darunter war zum Beispiel auch Freiherr Heinrich Ludwig von Gleichen-Rußwurm (1836–1901), dessen Mutter Emilie die jüngste Tochter von Friedrich Schiller war.

Trotz der Abhängigkeit von den Launen des Großherzogs und der konservativen Gesinnung der Obrigkeit herrschte ein fortschrittliches Lehr- und Lernkonzept. So konnten die Schüler die Professoren selbst auswählen. Im Jahre 1910 wurde die Kunstschule zur »Großherzoglich Sächsischen Hochschule für Bildende Kunst« umbenannt und damit aufgewertet. Direktor wurde der Maler Fritz Mackensen (1866–1953), ein engagierter und reformorientierter Gestalter, der später allerdings ein bedeutender NS-Aktivist wurde.

1902 wurde dann mit van de Velde ein international renommierter Designer und Reformer nach Weimar berufen. Denn es gab im Großherzogtum Bestrebungen, Handwerk und Industrie mit der Kunst zu verbinden. Van de Velde wurde ausersehen, diesen Traum zu realisieren. Er wurde auch »Der Meister der runden Ecke« und der »Alleskünstler« genannt. Rund war seine bevorzugte Ausdrucksform. Er entwarf nicht nur Gebäude, sondern auch gleich die passenden Gebrauchsgegenstände und Möbel, ja sogar die passende Kleidung dazu. Bevor er aber die Berufung zum künstlerischen Berater in Weimar annahm, machte er zur Bedingung, nie eine Höflingsuniform tragen zu müssen, denn eine Uniformierung war ihm ein Gräuel. Zu gesellschaftlichen Anlässen bei Hofe erschien er deshalb immer nur im Frack. Dem darüber etwas irritierten Landesherrn Herzog Wilhelm Ernst empfahl der Künstler, sich vorzustellen, er – van de Velde – sei ein offizieller Repräsentant der USA. Die Reaktion des Herzogs auf diese Äußerung ist aber leider nicht bekannt.

1905 und 1906 wurde eine Kunstgewerbeschule, die heute die Fakultät Gestaltung beherbergt, nach den Plänen van de Veldes errichtet. Auffällig am Universitätsbau

Hauptgebäude der Bauhaus-Uni (Van-de-Velde-Bau)

sind die großen Atelierfenster in den oberen Geschossen und die aufwendige Wendeltreppe im Inneren – allesamt rund! Und wenn Studenten im Eingangsbereich an der »Eva«-Statue von Auguste Rodin (1840–1917) vorbeigehen und der schönen Nackten über den Po streichen, dann gehört auch das zum geistigen Erbe des Bauhauses. »Es soll schön machen«, heißt der allgemeine Tenor. Sie sollten sich die schöne Eva einmal ansehen.

Der Erfolg von van de Veldes Maßnahmen ließ nicht lange auf sich warten: Durch eigene Aufträge sowie durch die Vermittlung von Geschäften machte die Schule zwischen 1902 und 1915 in Thüringen mehrere Millionen Goldmark Umsatz. In Weimar produzierten insbesondere der Kunsttischler Scheidemantel und der Silberschmied Theodor Müller nach van de Veldes Entwürfen Meisterstücke in material- und funktionsgerechter Form. Mit dem Ausdruck der »Einheit von Form und Funktion« gehörte die Schule zu den ersten Kunstschulgebäuden Europas.

Doch die Zeiten änderten sich, als das drohende Gespenst des Ersten Weltkrieges sein Haupt erhob. Henry van de Velde war als Belgier nunmehr ein Feind Deutschlands und aus dem »verehrten Herrn Professor« wurde der »feindliche Ausländer«. Am 25. Juli 1914 reichte er gezwungenermaßen sein Entlassungsgesuch ein. Die Schule wurde geschlossen, auch weil die jungen Studenten 1914 fast alle jubelnd in den Krieg zogen. Van de Velde wurde mit seiner Familie in seinem Wohnhaus »Haus Hohe Pappeln« im Süden Weimars interniert. Als Schikane musste er sich dreimal täglich bei der Polizei in Weimar melden. Ein absurdes Prozedere, das zum Tagesprogramm wird, weil es keine öffentlichen Verkehrsmittel gibt und der Architekt alle Wege zu Fuß zurücklegen muss. Nur mit Hilfe einflussreicher Freunde wie Wilhelm von Bode (1845–1929), dem Generaldirektor der Berliner Museen, gelang es ihm, 1917 in der Schweiz Exil zu erhalten. Doch seine geliebte Familie musste er zurücklassen. Es begann eine furchtbare Leidenszeit. Der Künstler und Familienvater lebte zwar in Sicherheit, aber seine Familie hungerte und konnte in Weimar nur durch die Hilfe weniger Freunde überleben. Dazu kamen sinnlose Schikanen. Immer wieder durchsuchten Kriminalbeamte das Haus und zogen schließlich sogar den Pass von Maria van de Velde ein. Dadurch hatte die Familie bis zum Kriegsende keine Chance, Deutschland zu verlassen, und lebte armselig und frierend in jenem Haus, das wenige Jahre zuvor noch als weltoffener Treffpunkt für Schriftsteller und Maler galt. Und die Kunstschule, dieser kreative Gestaltungsort, wurde in der Zeit des Ersten Weltkrieges zum Lazarett umfunktioniert. Nun lagen ehemalige Schüler verwundet in dem gleichen Gebäude, in dem sie vorher gelernt, gelacht und geliebt hatten.

Nach dem Ersten Weltkrieg wurde Walter Gropius (1883–1969) zum Begründer des Bauhauses: Er wurde im April 1919 auf Vorschlag Henry van de Veldes als dessen Nachfolger zum Direktor der Großherzoglich-Sächsischen Hochschule für Bildende Kunst in Weimar ernannt und gab der neuen Schule den Namen »Staatliches Bauhaus in Weimar«. Im Juli begann der Lehrbetrieb der Hochschule für Gestaltung mit 150 Studenten erneut. Doch das Programm war anfangs noch diffus und von religiösen Tönen geprägt. »Das Endziel aller bildnerischen Tätigkeit ist der Bau! Es gibt keinen Wesensunterschied zwischen dem Künstler und dem Handwerker. Der Künstler ist eine Steigerung des Handwerkers.« Mit diesem Satz begann Gropius sein Bauhaus-Manifest von 1919. Als Lehrer konnte er bedeutende Künstler wie Lyonel Feininger, Josef Albers, Paul Klee, Wassily Kandinsky und Oskar Schlemmer für das Bauhaus gewinnen.

Es war aber Johannes Itten (1888–1967), der die ersten Bauhausjahre auf besondere Weise geprägt hat. Er wirkte zwischen 1919 und 1923 als künstlerischer Leiter und bestimmte das pädagogische Konzept der Schule so wesentlich mit. Johannes Itten, ein fanatischer Anhänger der Mazdaznan-Sekte, trat als Meister im deutsch-mittelalterlichen Sinne auf. Als Mazdaznan wird eine religiöse Lehre bezeichnet, die nach eigenem Verständnis auf einem reformierten Zarathustrismus basiert. Itten trug, wie die Studierenden, eine von ihm selbst entworfene Bauhaus-Tracht, eine Art Mönchskutte. Sein Atelier bezog er in dem von Goethe mitentworfenen Tempelherrenhaus im Weimarer Ilmpark. Mehrere Jahre wohnte er auch dort. »Er war wie ein Mönch gekleidet, kahl geschoren und abends trafen sich Meister und Schüler zum Trommeln im Park«. Doch nicht nur das Trommeln schreckte die beschauliche Kleinbürgerwelt Weimars auf: »Am Bauhaus sammelten sich unterschiedlichste intellektuelle und kulturelle Strömungen. Das charakteristisch Moderne des Bauhauses liegt im Pendeln zwischen Esoterik und Wissenschaft, Handwerksromantik und Industriestandard, reiner Kunst und Funktionalismus.« So fasste es der Politologe Klaus von Beyme zusammen.

Für die Weimarer Anfänge stimmt dies sicherlich. Aber das Bauhaus pendelte auch in Fragen der Emanzipation: Frauen waren hier zwar angekommen und durften studieren, aber sie wurden auf Werkstätten wie die Weberei verwiesen. In der Stadt selbst war die Institution allerdings höchst umstritten. 1924, kurz bevor das Bauhaus Weimar wieder verlassen musste, schrieb die Zeitung über ein »Gebaren scheußlichster Herausforderung«, wenn »Bauhausleute beiderlei Geschlechts irgendwo in der Natur sich nackt tummelten«. Unbedingt sei davor zu warnen, den Sohn oder die Tochter »dieses Institut beziehen zu lassen«. Und unfolgsamen Kindern wurde gedroht: »Wenn du nicht lieb bist, kommst du ins Bauhaus.« Das könnte aber durchaus Spaß gemacht haben, denn der Mythos Bauhaus lebte auch von seinen Festen, begleitet von der eigenen Band mit Jazz, Stepp und Maskenbällen. Die wilden 20er-Jahre eben. Man feierte im Gasthaus Ilmschlösschen, das man auf einem halbstündigen Fußmarsch vom Stadtzentrum Richtung Oberweimar entlang der Ilm erreichte. Hier gab das Bauhaus mit einem Fest auch seinen Abschied von Weimar. Es war besonders der politische Druck der Rechtskoalition, der das Ende des Bauhauses in Weimar einläutete. Denn er bewirkte, dass der Schule die Hälfte ihrer finanziellen Mittel gestrichen wurde. Im April 1925 verließ die Schule die Stadt Weimar und zog nach Dessau, das bessere Bedingungen versprach. Vor allem der Flugzeugbauer Hugo Junkers (1859–1935) sicherte dort seine Hilfe zu.

Als Nachfolgeeinrichtung des Bauhauses galt 1926 die »Staatliche Hochschule für Handwerk und Baukunst«, kurz die Bauhochschule genannt. Ihr gelang erstmals die Realisierung einer regulären eigenen Architektenausbildung in Form eines Aufbaustudiums, ganz im Sinne van de Veldes und Gropius'. Die Einrichtung knüpfte damit an die Idee des Bauhauses an, bot aber im Gegensatz zu diesem eine starke Praxisorientierung. 1929 verzeichnete sie allerdings nur noch 88 Studenten. 1942 erreichte die Einrichtung den Status einer Hochschule. Sie nannte sich nun »Hochschule für Baukunst und bildende Künste«. Nach dem Zweiten Weltkrieg wurde die Hochschule im Sinne einer antifaschistisch-demokratischen Neuordnung neu strukturiert.

Zu DDR-Zeiten hieß die Kunstschule »Hochschule für Architektur und Bauwesen«, Spitzname HAB. Allerdings waren sich die DDR-Funktionäre nie ganz schlüssig, ob man den Funktionalismus und gesellschaftlichen Anspruch des Bauhauses preisen oder den Bauhaus-Gedanken als libertäre Utopie geißeln sollte. Baubezogene Kunst war in der DDR allerdings von großer Bedeutung für die Gestaltung des öffentlichen Raums und erfuhr vielfältige Förderung. Sie wurde oftmals als einzige Möglichkeit angesehen, künstlerischen Ausdruck in der Architektur zu erzielen und gleichzeitig eingesetzt, den sozialistischen Fortschritt zu propagieren.

1996 wurde die Schule erneut umbenannt, heute heißt sie »Bauhaus-Universität Weimar«. Sie verdichtet sich auf vier Fakultäten: Architektur und Urbanistik, Bauingenieurwesen, Kunst und Gestaltung sowie kulturwissenschaftliche Medienforschung. Dazu kommen Stadt-, Infrastruktur- und Raumforschung sowie Werkstoffe und Konstruktionen.

Wir gehen nun geradeaus weiter, nach rechts, dann nach links und nach wenigen Schritten erreichen wir den Historischen Friedhof.

HISTORISCHER FRIEDHOF MIT FÜRSTENGRUFT

GEHEIMNISVOLLE GRÄBER

Der erst am 20. März 1818 eröffnete Friedhof liegt auf einer Anhöhe im Südwesten der Stadt, neben dem Poseckschen Garten. Die Grabanlage hieß ursprünglich »Neuer Friedhof vor dem Frauentore«. Der alte Jakobsfriedhof aus dem 12. Jahrhundert wurde zum gleichen Zeitpunkt geschlossen, da er zu klein wurde für die Verstorbenen der wachsenden Weimarer Bevölkerung. Ihn werden wir am Ende unseres Rundganges noch besuchen. Die bedeutendste Sehenswürdigkeit dieses Gottesackers ist die »Fürstengruft« mit den Särgen von Goethe und Schiller.

Sie benutzen bitte den Fußgängerüberweg und begeben sich durch das schmiedeeiserne Tor. Wenn Sie dort angekommen sind, bitte einmal umdrehen! Der heutige Haupteingang des Friedhofs, kenntlich durch das Gitter, war nämlich bei der Gründung keineswegs der Eingang zum Gottesacker. Hier befand sich vormals das Weimarer Leichenhaus, eine Institution, die vom wesentlich älteren Jakobsfriedhof übernommen wurde. Der Leichengräber Bielke wohnte mit seiner Familie im Obergeschoss. Im

Erdgeschoss des zweistöckigen Gebäudes befand sich ein Raum für die Aufstellung von mehreren offenen Särgen. Dort mussten alle Verstorbenen drei Tage aufgebahrt werden. Die Angst vor einem Scheintod war damals groß, niemand wollte lebendig begraben werden. Der Gestank muss unbeschreiblich gewesen sein.

Ein Totenwärter musste die Bahren in der Leichenkammer beobachten. Hier sollte die sterbliche Hülle »mit unbedecktem Gesichte so lange gelassen werden, bis sich die Zeichen der Fäulnis einstellten.« In Weimar übertrieb man es aber wohl ein wenig. Es gab hier zur Sicherheit noch eine Glockenvorrichtung: Drähte wurden an die Finger montiert und mit einer Glocke verbunden. Auch Spiegel wurden den Verstorbenen vor den Mund gehalten, um zu sehen, ob sie durch den Atem beschlugen. Als weitere Hilfsmittel dienten brennende Kerzen und Federn, die vor die Nase der Verstorbenen gehalten wurden, oder aber Gläser mit Wasser, die man auf die Brust stellte, um an der Wasserbewegung zu sehen, ob sie sich noch leicht hob und senkte. Falls der »Verstorbene« doch noch lebte und sich bewegte, konnte der Wächter zur Rettung schreiten. Fehlalarme durch Bewegungen während des Verwesungsprozesses mag es bei all diesen Vorkehrungen wahrscheinlich öfters gegeben haben, aber niemand ist wieder zum Leben erwacht.

Wir begeben uns nun den Hauptweg hinan und sehen links ein neoromanisches Bauwerk, das 1878/79 als Einsegnungshalle erbaut wurde. 1921 wurde es jedoch zur »Gedächtnishalle« für die im Ersten Weltkrieg Gefallenen der Stadt Weimar umgestaltet. Oben befindet sich ein Balkenkreuz, welches darauf hinweist. Ein Kreuz, das auf die Gefallenen des Zweiten Weltkrieges verweist, fehlt hier allerdings, es wurde von der sowjetischen Militäradministration verboten. Gegenüber der Halle, rechter Hand am Hauptweg, liegt das noch erhaltene Grab des Schriftstellers Christian August Vulpius (1762–1827), des Bruders von Goethes Ehefrau Christiane. Nach einem Schlaganfall im Februar 1827 starb er am 26. Juni 1827.

Bitte folgen Sie mir jetzt den Hauptweg weiter nach Süden. Am mittleren Querweg schauen Sie bitte einmal nach beiden Seiten, links befindet sich der ehemalige Friedhofseingang, rechts das Grab von Charlotte von Stein, zu dem wir später noch einmal zurückkommen werden. Am oberen Ende des Weges können sie bereits die Fürstengruft erblicken, die letzte Ruhestätte von Goethe und Schiller.

Oder vielleicht doch nicht?

Bevor wir diese aber besuchen, lenken wir unseren Schritt zuerst noch nach links, Richtung Mauer, zum »Tor für höfische Begräbnisse«. Dort befindet sich ein sehr merkwürdiger Sarkophag, nicht vergraben, sondern über der Erde. Er steht direkt an der Friedhofsmauer und ist der letzte Ruheort der Irin Miss Anna Dillon (1760–1823), Hofdame und Freundin der Großherzogin Maria Pawlowna. Von ihr hören wir gleich noch mehr. Die Großfürstin wollte bei ihrer Beerdigung von ihrer langjährigen Hofdame als erstes »begrüßt« werden. Im Inneren hängt ein Sarg freischwingend an Ketten, an der Vorderseite stehen die Buchstaben »R.I.P.B.M.« als Abkürzung für »Ruhe in Frieden in gutem Angedenken« (Requiescat In Pace Bonae Memoriae) und weiter unten folgt der Name »Miss Anna Dillon«. Rechts sehen wir das Todesjahr in römischen Zahlen – MDCCCXXIII – und links die Buchstaben »MP« für Maria Pawlowna. Eine sehr merkwürdig anmutende Ruhestätte.

Und hartnäckig hält sich in Weimar die Legende, dass Anna Dillon am Weimarer Hof silberne Löffel gestohlen haben soll. Als Strafe sollte sie daher nicht in geweihter Erde ruhen. Aus diesem Grund hängt ihr Sarg in der Luft und auch die sonst unübliche Nord-Süd-Ausrichtung des Grabes ist wohl als Strafe zu betrachten. Aber ob diese Legende auch wahr ist? Wer weiß.

Wir begeben uns nun zurück zur Fürstengruft und umrunden diese, es geht nach links Richtung Süden, vorbei an der Ruhestätte von Goethes letztem Sekretär Johann Peter Eckermann (1792–1854). Sie sehen nun eine kleine russische Kapelle, die Grabeskirche für Maria Pawlowna (1786–1859), der wir eben schon begegnet sind. Sie ist Maria Magdalena geweiht. Am 3. August 1804 heiratete sie in Sankt Petersburg den Erbprinzen Carl Friedrich von Sachsen-Weimar. Die Hochzeit fand in Russland statt, weil alle Verbindungen mit russischen Großfürsten durch eine Heirat in Sankt Petersburg besiegelt werden mussten. Am 9. November 1804 zog das junge Paar – Maria Pawlowna war 18 Jahre alt, Carl Friedrich 21 Jahre – feierlich in Weimar ein und wurde von der Bevölkerung begeistert begrüßt. Auf 79 Wagen, gezogen von 110 Pferden, kam das Gepäck der Frau Erbherzogin in Weimar an. Insgesamt waren es 144 Kisten. 23 Fuhrleute und Knechte des Trosses wurden in Sankt Petersburg, Moskau und Tula für den Transport angeworben. Zwei Unteroffiziere und ein kaiserlich-russischer Staatsrat begleiteten den Tross nach Weimar.

Maria verfügte, dass nach ihrem Tode diese russisch-orthodoxe Kapelle über ihrem Grab errichtet werden sollte. Die Grabkirche wurde zwischen 1860 und 1862 nach Plänen des Oberbaudirektors Carl Heinrich Ferdinand

Streichhan (1814–1884) erbaut. Da Maria Pawlowna der russischen Zarenfamilie und dem russisch-orthodoxen Glauben angehörte, verlangte »das Protokoll« allerdings, dass sie in russischer Erde beerdigt werden müsse. Gleichzeitig war sie aber auch die Regentin Sachsen-Weimar-Eisenachs und musste demzufolge in Weimar begraben werden. Man konnte beide Bedingungen nur erfüllen, indem man etwa 40 Wagenladungen russischer Erde aus der Gegend um Sankt Petersburg nach Weimar brachte. Geweiht von einem Popen. Diese Erde wurde zu einem Hügel aufgeschüttet, auf welchem dann die Kapelle erbaut wurde. Ziemlich aufwendig, oder? Aber damit war es noch nicht getan. Denn natürlich wollten Carl Friedrich und seine Frau Maria auch im Tode vereint sein und nebeneinander bestattet werden. Und das warf gewisse Schwierigkeiten auf, denn sie war russisch-orthodoxen Glaubens, er Protestant. Man löste das Problem aber auf geniale Weise. Während des Baus der Grabkapelle legte man einen Durchbruch in der nördlichen Wand des unteren Gewölbes an. Der Sarg Maria Pawlownas wurde in diesem Übergangsbereich untergebracht, durch einen Torbogen abgetrennt. Maria liegt unterhalb der russischen Kapelle, aber direkt neben ihrem Mann, der in der Fürstengruft ruht. Auf diese Art war es möglich, dem Wunsch der Regentin Rechnung zu tragen, an der Seite ihres Mannes bestattet zu werden und gleichzeitig auf geweihtem Boden ihrer eigenen Religion liegen zu können.

Wir beenden nun den Rundgang um die Gebäude und wenden uns der Fürstengruft zu. Diese diente ausschließlich als Grabstätte des großherzoglichen Hauses von Sachsen-Weimar-Eisenach. Eine Ausnahme bilden Johann Wolfgang von Goethe und Friedrich von Schiller.

Fürstengruft, Russisch-Orthodoxe Kapelle

Die beiden Dichter wurden auf Wunsch des Großherzogs Carl August ebenfalls in der Fürstengruft beigesetzt, denn er wollte auch im Tode mit seinen Freunden Goethe und Schiller vereint sein. Über die Tode der Dichter erfahren wir aber später mehr … am richtigen Ort.

Seit 1998 gehört die Fürstengruft, zusammen mit dem Historischen Friedhof, als Teil des Ensembles »Klassisches Weimar« zum UNESCO-Weltkulturerbe. Es sind 33 Särge in der Fürstengruft untergestellt. Von den ursprünglich 42 Särgen der Angehörigen der Häuser Sachsen-Weimar und Sachsen-Weimar-Eisenach wurde einer entfernt und zehn aus konservatorischen Gründen ausgelagert. Dazu kommen, wie bereits erwähnt, die

Särge Goethes und Schillers. Sie können die Gruft besuchen und sich die Katakomben ansehen – ich würde vorschlagen, dass Sie sich das nicht entgehen lassen.

Bevor wir den Historischen Friedhof in Richtung Stadt verlassen, werden wir uns noch drei besonderen Grabstätten zuwenden. Zuerst spazieren wir zu Goethes Familiengrab, gleich rechts an der westlichen Friedhofsmauer. Natürlich liegen hier nicht die Hauptprotagonisten. Johann Wolfgang ruht bekannterweise in der Fürstengruft und Goethes einziger Sohn, August Julius Walter, starb 1830 in Rom und liegt dort auf dem protestantischen Friedhof neben der Cestius-Pyramide begraben. Auf seinem Grabstein steht: »GOETHE FILIVS / PATRI / ANTEVERTENS / OBIIT / ANNOR XL / MDCCCXXX. (Goethe der Sohn / dem Vater / vorangehend / starb / mit 40 Jahren / 1830). Aber auch das Grab von Christiane Vulpius ist nicht hier zu finden. Sie starb bereits 1816 und liegt auf dem Jakobsfriedhof, den wir noch besuchen werden, begraben.

Beim Betrachten von Goethes Familiengrab fällt uns als Erstes die liegende Plastik eines Mädchens auf. Sie befindet sich im Mittelteil des Grabes, hinter Glas. Hierbei handelt es sich um ein Abbild Goethes einziger Enkelin, Alma Sedina Henriette Cornelia (1827–1844). Sie starb in Wien mit nur 16 Jahren an Typhus und wurde dort auch beerdigt. Das Gesicht der Figur wurde nach ihrem Gesicht als Gipsabdruck lebensecht gestaltet. Sie war in vielerlei Hinsicht ganz die Tochter ihrer Mutter Ottilie: hübsch, frivol, lebenslustig und wohl auch ein wenig einfältig, wenn man den Zeitgenossen glaubt. Großmutter Pogwisch urteilte spitz, Almas Geist sei in den Füßen angesiedelt, denn Tanzen schien das Einzige zu sein, worin der kleine Wirbelwind besondere Begabung zeigte.

Auf der rechten und linken Seite der Plastik sehen wir je drei Grabtafeln, welche die hier Bestatteten beschreiben. Allerdings gibt es auch hier eine Anomalie, wie es so oft in Weimar der Fall ist. Aber dazu gleich mehr. Ganz links liegt August von Goethes Schwiegermutter, Henriette Ulrike Ottilie von Pogwisch, geborene Gräfin Henckel von Donnersmarck (1776–1851), begraben. Als nächste kommt Goethes Schwiegertochter, Ottilie Wilhelmine Ernestine Henriette (1796–1872), die von holsteinischem Adel abstammte. Ihre Ehe mit Goethes Sohn verlief unglücklich: Augusts Alkoholprobleme und Ottilies Liebschaften belasteten die Verbindung, die zudem ganz unter dem Eindruck des imposanten Schwiegervaters stand. Nach ihrem Tod wurde sie zu Goethes ideeller Tochter, zum Vorbild des »Ewig-Weiblichen« stilisiert. Ottilie zählte zu den umstrittensten Frauen ihrer Zeit. Ihre Unruhe, Energie und Unkonventionalität machten sie zu einer begehrten, aber auch verachteten Frau, die besonders nach Goethes Tod zahlreiche Verleumdungen über sich ergehen lassen musste. Vor allem nach der Geburt ihrer unehelichen Tochter Anna (Februar 1835), die sie gemeinsam mit einem britischen Offizier gezeugt hatte, mehrten sich die Legenden um sie. Dieses gipfelte schließlich in der Behauptung, sie habe ihre älteste Tochter Alma getötet. Was für ein Unsinn.

Weiter rechts liegen die beiden Goethe-Enkel begraben. In der Mitte Walther Wolfgang (1818–1885), er wird als schwächlich beschrieben und besuchte nie eine öffentliche Schule. Da er aber ein ausgesprochenes musikalisches Talent zeigte, unterrichtete Felix Mendelssohn Bartholdy (1809–1847) ihn recht erfolgreich am Klavier. Trotzdem errang er aber weder durch seine Kompositionen noch durch seine Opern Erfolge und trug schwer unter der Last seines Namens. Auf seinem Grab steht: »Mit ihm erlosch Goethes Geschlecht, dessen Name alle Zeiten überdauert.«

Wolfgang Maximilian von Goethe (1820–1883), rechts daneben, auch »Wölfchen« genannt, galt dagegen als Lieblingsenkel von Johann Wolfgang. Er studierte Jura und Philologie und war Doktor der Rechte. Später war er für den preußischen Hof in Rom als Legationsrat tätig. 1859 wurde er zusammen mit seinem Bruder von Großherzog Carl Alexander in den Freiherrenstand erhoben.

Aber nun zur erwähnten Besonderheit des Familiengrabs. Denn wenn wir aufmerksam schauen, sehen wir fünf Gräber, aber sechs Grabtafeln an der Wand – je drei auf der rechten und linken Seite. Im letzten Grab rechts sollte eigentlich die letzte, langjährige Dienerin der Familie liegen, Wilhelmine Bachstein (1795–1884). Sie war eine Bedienstete der Familie Goethe und die Kinderfrau von Goethes Enkeln. Sie betreute die Nachfahren des Meisters, die sie sogar mit »Du« anreden durfte. Walther von Goethe hütete sie selbst im Alter noch rührend. Wilhelmine war in der ganzen Stadt bekannt und die Weimarer Bürger sahen in ihr ein Original aus dem »Goldenen Zeitalter«. Wegen ihrer lebenslangen treuen Dienste im Goethehaus erhielt sie einen Platz in der Grabstätte. Leider nicht lange, denn als Alma 1885 von Wien nach Weimar überführt wurde, musste ihr Sarg weichen. Die arme alte Dienerin wurde exhumiert und auf der anderen Seite der Mauer neu bestattet. Das hat sie eigentlich nicht verdient.

Wir verlassen nun Goethes Familiengrab und begeben uns an der Friedhofsmauer hinab. Die nächste Gruft ist eine Anlage der Familie Johannes Daniel Falk

(1768–1826). Auch wenn Sie ihn namentlich nicht kennen, Sie singen jedes Jahr mindestens einmal eines seiner Lieder – er verfasste nämlich das Weihnachtslied *O du fröhliche*. In der ersten Hälfte des Jahres 1813 gründete Falk mit anderen Bürgern Weimars die »Gesellschaft der Freunde in der Not«, um die Not der Bevölkerung während der napoleonischen Kriege zu lindern. Hierzu wurde er in besonderer Weise auch durch die Tode von vier seiner Kinder an Typhus bewegt. Falk gab seine literarischen Projekte auf und setzte sich praktisch und publizistisch für die Integration der durch die Kriege heimatlos gewordenen Kinder ein. Dazu richtete er im Lutherhof an der Jakobstraße ein Rettungshaus ein, welches später auch zum Vorbild für das »Rauhe Haus« in Hamburg wurde.

Wir haben nun noch Gelegenheit, uns eine letzte bedeutende Grabstätte anzusehen, etwa 100 Meter hangabwärts. Hier befindet sich die letzte Ruhestätte Charlotte von Steins, von der wir bereits gehört haben. Ihr Haus sahen wir am Eingang des Ilmparkes. Ihr gelang es, sich diese Grabanlage, welche direkt gegenüber dem damaligen Haupteingang liegt, zu sichern. Die ewige Ruhe fand sie dort allerdings nicht, denn der Friedhof musste bald vergrößert werden. 1862 erfolgte ein Mauerdurchbruch direkt dort, wo ihre Grabplatte heute steht. Über ihrer Ruhestätte war also lange Zeit ein Durchgang. Um auf die neue Seite zu gelangen, mussten die Besucher 45 Jahre lang über ihr Grab gehen. Die Totenschreine Charlotte von Steins sowie die dreier Verwandter blieben an Ort und Stelle. Bis zur Revision dieses Fehlers im Jahre 1907 trampelten die Besucher des Historischen Friedhofs also fröhlich und nichtsahnend über ihre Särge.

Arme Charlotte, das hatte sie ebenfalls nicht verdient.

Wir verlassen den Friedhof nun endgültig, überqueren die Straße und begeben uns durch die Marienstraße in Richtung Stadt zu Goethes Wohnhaus. Dabei kommen wir linker Hand am Museum für Ur- und Frühgeschichte vorbei. Hier gibt es eine Dauerausstellung, die die vor 400 000 Jahren beginnende, älteste Geschichte Thüringens zeigt. An diesem Ort passierte auch etwas sehr Merkwürdiges mit dem Dichter Goethe … Doch davon hören wir mehr an seinem Wohnhaus.

Als nächstes gelangen wir linker Hand zum Goethegymnasium, welches ganz aus roten Backsteinen erbaut wurde. Am 30. Oktober 1887 wurde das Schulgebäude in der Amalienstraße 4 als Wilhelm-Ernst-Gymnasium eingeweiht. Auch der Verfasser hat hier gelernt.

Folgen wir dem Straßenverlauf noch einige Meter, kommen wir zum Wielandplatz, er befindet sich rechter Hand. Dort steht das Bronzedenkmal von Christoph Martin Wieland (1733–1813), einem Zeitgenossen Goethes, geboren in Biberach a. d. Riß. 1772 berief ihn die verwitwete Herzogin Anna Amalia zur Erziehung ihrer beiden Söhne nach Weimar. Er zählte zu den Wegbereitern der Weimarer Klassik und machte die deutsche Sprache salonfähig. Wieland war ein Genie, aber ein kritisches. Bereits als Jugendlicher schrieb er in akkurater Handschrift Gedichte auf feinstem, holländischem Papier. Als Wielands Mutter ihm später diese von ihr aufgehobenen Eintragungen überreichte, sagte er: »Das sind ja meine Dichterwindeln« – und verbrannte sie. Wieland war fleißig, nicht nur beim Schreiben: 13 Kinder wurden ihm von seiner Frau Anna Dorothea von Hillenbrand (1746–1801) geboren, fein verteilt auf acht

Wielandplatz

Mädchen und fünf Jungen. Später kaufte er sich einen Gutshof in Oßmannstedt bei Weimar, betrieb Ackerbau und Viehzucht. Dort liegt er auch, in einem Bogen der Ilm, begraben. Neben ihm ruhen seine Gattin und seine Enkelin Sophie Brentano (1776–1800). Sie war die älteste Tochter des Geheimrates Peter Anton Brentano (1735–1797) und seiner zweiten Ehefrau Maximiliane von La Roche (1756–1793), einer ehemaligen Freundin Goethes. Hier schloss sich wieder mal der Kreis.

Wielands Lebensmotto lautete: »Der Wein gibt Witz und stärkt den Magen.« Da hätte er sich glatt mit Goethe zusammentun können. Wieland wurde 1808 – genau wie

Goethe – von Napoleon zum Ritter der Ehrenlegion ernannt. Zar Alexander I. verlieh ihm – ebenfalls zeitgleich mit Goethe – am Rande des Fürstenkongresses 1808 in Erfurt den Annenorden.

Wir überqueren den Platz an der Ampel – Achtung, lange Rotphase! –, gehen geradeaus weiter zum Frauenplan und treffen uns an Goethes Dichterhaus.

DAS GOETHE-WOHNHAUS AM FRAUENPLAN

DER GEKOCHTE GOETHE, EIN POTSCHAMBERL UND EINE HINRICHTUNG

Der Name Frauenplan leitet sich von einer Marienkirche mit dem Namen »Zu Unseren Lieben Frauen« ab, welche im Mittelalter auf diesem Platz stand. Die Kapelle vor dem Frauentor gehörte den Franziskanern, wo man für die Anbetung eines 1429 geweihten Kruzifixes Ablass erhalten konnte. Sie wurde im Zuge der Reformation aufgelöst und abgerissen. Goethes Wohnhaus ist das platzbeherrschende, langgezogene gelbe Gebäude rechts, welches zwischen 1707 und 1709 von dem fürstlichen Kammerkommissar und Strumpfhändler Georg Caspar Helmershausen erbaut wurde.

Doch fangen wir von vorne an – mit Goethes Geburt: Denn fast hätten wir niemals etwas von dem begnadeten Dichter gehört, und Weimar wäre ein unbekanntes Dorf geblieben. Seine Geburt war nicht ohne: »Mit dem Glockenschlag zwölf«, schreibt Goethe in *Dichtung und Wahrheit*, sei er am 28. August 1749, einem Sonntag, in seinem Elternhaus in Frankfurt am Main mithilfe der

Hebamme Anna Dorothea Müller ans Licht der Welt gebracht worden. Drei Tage ließ Goethe sich bei der Geburt Zeit und bescherte der Mutter schwere Stunden. Nach den Erzählungen der Mutter Catharina Elisabeth Goethe (1731–1808) über ihren Erstgeborenen kam Johann Wolfgang, durch die Ungeschicklichkeit der Amme, ganz schwarz und ohne Lebenszeichen zur Welt. Die Familie zweifelte, ob das Neugeborene überhaupt überleben würde. In einer Fleischarde wurde er dann jedoch wieder zum Leben erweckt. Eine Fleischarde ist eine Art Metzgermulde, ein flacher Trog, in der das scheinbar leblose Neugeborene in Wein gebadet und seine Herzgegend mit warmen Umschlägen behandelt wurde. Als Johann Wolfgang nach langem Bangen endlich die Augen aufschlug, rief die Großmutter, Anna Margaretha Textor (1711–1783), die hinter dem Bett stand: »Räthin! Er lebt!«. Die Großmutter legte den kleinen Goethe an die Brust seiner Mutter, doch er war nicht zum Saugen zu bewegen. Da wurde ihm eine Amme gegeben und an dieser trank er dann mit großem Appetit und Behagen. Das glückliche Ende der schweren Geburt veranlasste Goethes Großvater, Johann Wolfgang Textor (1693–1771), erhebliche Beträge an Armenhäuser zu spenden. Goethes Mutter Catharina Elisabeth soll das, so berichtet Bettina von Arnim, später mit dem Satz kommentiert haben: »Schon in der Wiege war er den Menschen eine Wohltat«.

Im Vorderhaus von Goethes Wohnhaus befinden sich die repräsentativen Wohnräume sowie die Sammlungszimmer Goethes. Im Hinterhaus lagen zu seinen Zeiten die Wirtschaftsräume, Stallungen, die Kutschenremise sowie die privaten Arbeits-, Aufenthalts- und Schlafräu-

Goethehaus am Frauenplan

me des Dichters und seiner Frau Christiane. Im Erdgeschoss rechts, hinter den westlichen drei Fenstern, liegt das von Goethe neu konzipierte Treppenhaus, welches er als italienische Treppe bezeichnete. Sie hat sehr breite, aber auch niedrige Stufen, was seine Gäste damals zwang, diese langsam und gemessen zu erklimmen. Der Dichter selbst stand zur Begrüßung am oberen Ende auf seinem in den Boden eingelassenen Schriftzug »Salve«. So mussten seine Besucher erfurchtsvoll hinaufschreiten und zu ihm aufblicken. Das hat Goethe wohl gefallen.

Im Jahre 1782 mietete Goethe die westliche Hälfte des Hauses. Drei Jahre später erwarb der Herzog das gesamte Gebäude und überließ es seinem Freund als Dienstwohnung. Diese bewohnte er gemeinsam mit Christiane. 1794 schenkte der Herzog dem Dichter das Haus mündlich, 1801 auch schriftlich, aber erst am 12. Januar 1807 wurde es Goethe offiziell übereignet. Der hinter dem Haupthaus liegende Hausgarten wurde hauptsächlich von Goethes Frau Christiane betreut und diente vor allem der Versorgung des großen Haushaltes mit Obst und Gemüse. 1817 konnte die Gartenfläche durch Erwerb des sogenannten »Treuterschen Gartens« in östlicher Richtung erweitert werden. Mit diesem Kauf kam dann auch das Gartenhaus an der Ackerwand in Goethes Besitz, hier brachte er seine Mineraliensammlung unter. Der Garten entspricht auch heute noch dem Zustand der 1820er-Jahre, wobei die früheren Gemüsebeete durch Rasenflächen ersetzt wurden.

Als der letzte Enkel Goethes, Walther von Goethe, 1885 starb, erhielt laut Testament der Weimarische Staat das Haus am Frauenplan und Goethes umfangreiche Sammlungen. Am 8. August 1885 erfolgte die Gründung des Goethe-Nationalmuseums mit den Arbeits- und Wohnräumen in Form einer Ausstellung. Der im Zweiten Weltkrieg erheblich zerstörte Westteil des Hauses wurde später wieder rekonstruiert. Wertvolles Mobiliar sowie andere Ausstattungsgegenstände hatte man sowieso zur Sicherheit ausgelagert. Heute gehört das gesamte Haus, inklusive Garten, Wirtschaftsgebäude und dem linkem Nachbarhaus, zum Museum. Es beherbergt den Kassenraum und eine Dauerausstellung.

In seinem Weimarer Wohnhaus verfasste der Dichter seine berühmtesten Werke, allen voran natürlich den *Faust*, erster und zweiter Teil. Bereits 1772, noch in seiner

Geburtsstadt Frankfurt am Main, schrieb er die ersten Fragmente nieder, 60 Jahre später, kurz vor seinem Tod, vollendete er *Faust II.*

Bevor wir aber noch die weitere merkwürdige Historie des Dichters erfahren werden, zuvörderst eine kleine Anekdotensammlung über ihn:

- In *Faust I + II* gibt es mehr als 16 000 Substantive und 12 111 Verse. Aus Goethes Schriften und Briefen kann man mehr als 15 000 spruchreife Zitate herauslesen.
- Der Wortschatz von Fünfzehnjährigen wird nur auf rund 12 000 Wörter beziffert. Ein Wissenschaftler oder Schriftsteller benutzt in der Regel mehrere zehntausend Wörter. Goethes aktiver Wortschatz umfasste dagegen etwa 90 000 Wörter.
- Anlässlich des 200. Geburtstages von Goethe wurde 1949 der höchste Gipfel des Glacier Gebirges in Kalifornien in Mount Goethe umbenannt. Seine Höhe beträgt: 13 264 Fuß oder 4042 Meter.
- Nach dem Sieg bei der Völkerschlacht in Leipzig lud Goethe einige Weimarer Soldaten zum Mittagessen ein. Einer von ihnen schaute sich mit großem Interesse die Büchersammlung des Dichters an, die ganze Regale an den Wänden füllte und sagte: »Sie müssen sicherlich ein Buchbinder sein, wenn Sie so viele Bücher besitzen.«
- Überliefert ist, dass Goethe in den 57 Jahren, die er in Weimar zubrachte, zehn Diener hatte. Wohl aus Bequemlichkeit nannte er sie alle Carl, obwohl nur einer wirklich so hieß.
- Goethes Augenstellung auf zeitgenössischen Gemälden hat einen Neurologen dazu veranlasst,

dem Dichter eine perinatale Schädigung im Stammhirnbereich mit begleitender internukleärer Ophthalmoplegie, Gesichtsskoliose und optische Halluzinationen zu attestieren. Hierdurch sei die auf den Gemälden erkennbare leichte Augenlähmung zu erklären. Auf Deutsch gesagt, Goethe konnte seine Nase nicht sehen.

- Einmal hat sich Goethe sogar duelliert. Angetan mit einem »kleinen Degen«, wurde er in der Nähe des Frankfurter Schauspielhauses von einem Bekannten wegen angeblicher Beleidigung zur »Satisfaktion« herausgefordert. Goethe wollte sofort blankziehen, wurde von seinem Gegner aber darauf aufmerksam gemacht, »solch Fälle an einsamen Örtern« auszutragen, wie es der Brauch gebiete. Sie zogen sich also »hinter einigen Scheunen« zurück und schon klirrten die Klingen. Als der Gegner »im Feuer der Aktion« die Bandschleife von Goethes Degen durchbohrte, gereichte ihm dies zur »vollkommenen Satisfaktion«. Goethe war damals gerade zehn Jahre alt.
- Goethes Weinverbrauch bewegte sich in heute sehr unüblichen Mengen. Bereits zum Frühstück gegen zehn trank er ein Wasserglas voll. Mittags pflegte er »eine Bouteille allein zu leeren«. Abends auch. Am Tag kam er so durchschnittlich auf drei Flaschen. Allerdings war der Alkoholgehalt der Weine zu Goethes Zeiten um einiges niedriger. Der immense Weinkonsum wirkte sich aber auch auf Goethes Geldbörse aus. Denn er gab beträchtliche Summen für Wein aus. Im Jahre 1776 waren es 200 Taler bei Einnahmen von 1600 Talern. Im Jahre

1829 dann gar 2184 Taler bei Einnahmen von 10 000 Talern. Er gab also mehr als 20 Prozent seines Einkommens für sein Laster aus. Einer seiner Lieblingsweine war der »Schloß Johannisberger« aus dem Rheingau. Zeit seines Lebens – man hat es tatsächlich errechnet – trank Johann Wolfgang etwa 33 000 Liter Wein. Na denn Prost.

Der hohe Weinkonsum war aber keinesfalls Grund für Goethes Tod. Er muss eine hervorragende Konstitution gehabt haben, war aber ein Hypochonder. Pocken, Blutsturz, Gicht, Schlaganfall und Herzinfarkt, reichlich Depressionen und immer Angst vor der Syphilis. Das lange Leben des Dichters war überschattet von schweren Krankheiten aller Art und seiner Angst davor. 1801 überlebte er eine hochfieberhafte Infektion nur knapp. Gesicht, Hals und Augen waren entzündet, Blut lief heraus. Goethe versank für Tage in ein Delirium. Die Ärzte diagnostizierten »Rotlauf, Krampfhusten, katarrhalisches Fieber«. Am 22. März 1832 traf Goethe dann ein Herzinfarkt. Er schrie vor Schmerzen. »Fürchterlichste Angst und Unruhe«, registrierte der Hausarzt Dr. Vogel. »Die Gesichtszüge waren verzerrt, das Antlitz aschgrau, die Augen tief in ihre lividen Höhlen gesunken ...« Der Körper war eiskalt, der Puls schnell und hart. Die Diagnose: »Stickfluß infolge eines zurückgeworfenen Katarrhalfiebers«. Der Dichter starb gegen halb zwölf Uhr vormittags. Er wurde 82 Jahre alt. Ein Methusalem für die damalige Zeit.

Was der Poet unmittelbar vor seinem Ableben wirklich gesagt hat, ist nicht zweifelsfrei überliefert. Es gibt fünf »letzte Wörter«, die ihm zugeschrieben werden, der Ausspruch »mehr Licht« ist nur das bekannteste:

- Zum einen soll er darum gebeten haben, dass man den Fensterladen öffne, damit mehr Licht hereinkomme. Was wohl in »mehr Licht« abgekürzt und als seine letzten Worte ausgegeben wurde.
- Möglicherweise sagte er aber auch über seine Bettstatt: »Mer licht hier ja so schlecht.« Auch daraus könnte »mehr Licht« geworden sein. Allerdings starb Goethe sitzenderweise, nämlich in seinem Sessel.
- Da seine Schwiegertochter Ottilie fast die ganze Zeit bei ihm war, könnten seine letzten Worte aber auch diese gewesen sein: »Frauenzimmerchen, gib mir dein liebes Pfötchen.«
- Oder vielleicht ist es auch wahr, dass Goethe zu seinem Kammerdiener, der ihm Wein brachte, sagte: »Hat er mir auch keinen Zucker in den Wein getan, das ist meiner Gesundheit nicht förderlich.« Witze machen noch auf dem Sterbebett? Dieser Spruch hätte Goethe, dem Weinliebhaber, durchaus ähnlich gesehen.
- Möglicherweise hatte aber auch sein letzter Diener, Gottlieb Friedrich Krause (1824–1832), recht, als er sagte: »Es ist wahr, dass der Geheime Rath meinen Namen zuletzt rief. Allerdings nicht, um den Fensterladen zu öffnen, sondern er verlangte einen Potschamberl, den er selbst nahm und fest an sich gedrückt hielt, bis er verschied.« Ein »Potschamberl« ist eine aus dem Französischen entlehnte Verballhornung des französischen Wortes für Nachttopf, dem »pot de chambre«. Aber wer möchte sich schon vorstellen, dass unser großer Dichter und Denker

mit einem Nachttopf im Arm starb? Vielleicht ist es gut, nicht alles genau zu wissen.

Goethes Schwiegertochter Ottilie erhielt eine Ausnahmegenehmigung, die es ihr erlaubte, Goethe in der Eingangshalle seines Wohnhauses und nicht in der Leichenhalle des Friedhofes aufzubahren. Der Leichnam des Dichters, der vier Tage mit Eisstücken kühl gehalten worden war, wurde am Morgen des 26. März 1832 in der Eingangshalle öffentlich aufgebahrt. Die Halle war schwarz verhängt und mit Wachskerzen erhellt, an Goethes Seite befanden sich seine Orden und Ehrenzeichen, der goldene Lorbeerkranz lag auf einem Kissen aus Silberstoff. An den Türen standen Ehrenwachen und das Militär, acht Kandelaber, hohe Kerzenständer, brannten ihm zur Seite. Gelehrte, Künstler, Beamte und Handwerker traten herbei und hielten Totenwache.

Um 17 Uhr wurden Goethes sterbliche Überreste durch einen unübersehbar langen Trauerzug unter dem Geläut aller Glocken zur Fürstengruft auf den Historischen Friedhof geleitet. Dort warteten bereits seine toten Freunde, Schiller und der Großherzog Carl August, auf ihn. An der Fürstengruft wurden 5000 herandrängende Menschen von den Soldaten und der Polizei zurückgehalten. Der Theaterchor sang einen Choral, Trauerpredigt und letztes Gebet wurden gesprochen, während der Eichensarg mit Bleiauskleidung feierlich in die Gruft gesenkt wurde. Ob die Beerdigung Goethe gefallen hätte, darf allerdings stark bezweifelt werden. Bestattungen und aufgebahrte Leichen waren ihm ein Graus. Er hielt den Tod für einen »sehr mittelmäßigen Portraitmaler« und mied den Anblick von Verstorbenen. An Bestattungsfeierlichkeiten nahm er nie teil. Nicht bei

Schiller, nicht bei seinem Herzog, nicht bei Frau und Kindern. Nur an seiner eigenen. Gezwungenermaßen. Doch war ihm nun die ewige Ruhe beschieden?

112 Jahre lang lag Goethe ruhig in seinem Sarkophag neben Schiller.

Am 11. Dezember 1944 fuhr, auf Anordnung des Thüringer Gauleiters Fritz Sauckel – der wurde im Nürnberger Kriegsverbrecherprozess zum Tode verurteilt –, ein Lkw zur Fürstengruft. Aus Furcht vor der Zerstörung durch Bomben sollten Goethes und Schillers Dichtersarkophage ausgelagert werden. Man fuhr sie zu einem Sanitätsbunker nach Jena und stellte die Särge, übereinandergestapelt, unter meterdickem Beton ab. Alles schien gut zu gehen, bis der Bunkerleiter Werner Knye in den Schlusstagen des Krieges einen fatalen Befehl erhielt. Sauckel wollte nicht, dass die größten deutschen Dichter in Feindeshand fallen. Er befahl die Sprengung der Särge und damit die Vernichtung der Dichter. Doch Knye entschloss sich zum Widerstand und versteckte die Dichterkisten hinter Bergen aus Verbandsmaterial. Am 11. April 1945 spitzte sich die Lage dramatisch zu. Der mutige Bunkerleiter wurde wegen Befehlsverweigerung und Sabotage zum Tode verurteilt, konnte aber fliehen. Zur selben Zeit eilte ein Sprengkommando herbei und suchte die Totenkisten. Vergeblich, sie fanden die Särge nicht. Man kann annehmen, dass sie so kurz vor Kriegsende allerdings auch anderes zu tun hatten. Am Tag danach erreichte eine amerikanische Vorhut die Stadt und vereitelte den Plan. Die Schreckensvision eines in die Troposphäre gejagten Materialgemischs, bestehend aus den verwesten Leichen von Goethe und Schiller, war gebannt.

Ruhe kehrte aber trotzdem nicht ein. Am 12. Mai

brachten die US-Truppen, unter Obhut von Major William Brown, die Leichname nach Weimar zurück und bahrten sie in der oberen Halle des Mausoleums auf – bedeckt mit dem Star-Spangled Banner. Allerdings nicht, ohne den Goethe-Sarkophag vorher zu öffnen und einige Knochen zu stehlen. Und zwar insgesamt sieben, wie eine spätere Niederschrift vermerkte. »Die Bleiauskleidung weist am oberen Rand deutlich Schneideabsätze auf«, heißt es später im DDR-Protokoll. Im Klartext: Der Schrein wurde aufgeschlitzt wie eine Konservendose. Es waren zwar »nur« kleine Finger- und Fußknöchelchen, aber die Schändung des Dichters war nicht wiedergutzumachen. Außerdem nahmen die Soldaten wahrscheinlich Goethes Ordenskissen mit. Auf seiner Brust sollte es liegen, mit sechs Orden bestückt. Die Knochen und Orden sind leider nie wieder aufgetaucht und fehlen bis heute. Kurz danach überließen die Amerikaner den Russen das Feld, die mit ihren Truppen nun Thüringen besetzten. Am 5. August 1945 erklang an der Fürstengruft nun der Trauermarsch von Beethoven, intoniert von einer sowjetischen Militärkapelle.

Doch auch jetzt war es noch nicht weit her mit der ewigen Ruhe. Denn unter DDR-Herrschaft wurde der Deckel des Goethe-Sargs mehrmals geöffnet. Mindestens 1961, 1963, 1970 und dann wohl noch zweimal öffneten Ostexperten die innere Bleikiste, deren Inhalt bei der ganzen Frischluft immer mehr zu stinken begann. Dass sein Sarg so regelmäßig geöffnet wurde, hätte den Dichter mit Sicherheit entsetzt.

Was dann allerdings geschah, ist an würdelosem Vorgehen nicht mehr zu überbieten. Sieben Experten, zwei Pathologen, ein Archäologe, drei Restauratoren und der

Direktor des Goethe-Nationalmuseums, machten sich im Schutz der Dunkelheit auf den Weg zur Fürstengruft. Wahrscheinlich war mindestens einer von ihnen bei der Staatssicherheit. Sie nutzten die früh einbrechende Dunkelheit des Novembers, um sich mit einem alten Holzhandwagen, auf dem eine große leere Kiste stand, zur Gruft zu begeben. Und sie waren sich in dieser kalten Nacht des 2. November 1970 rasch einig: Der Leichnam Goethes ist rundweg in einem katastrophalen Zustand. Die Männer legten die sterblichen Überreste Goethes in die mitgebrachte Kiste und überführten sie ins nahegelegene Museum für Ur- und Frühgeschichte. Das Fazit nach der ersten Besichtigung: Die Gebeine im geöffneten Sarg ruhten auf einer modrigen Masse, die anscheinend einmal Seegras gewesen war. Die sterblichen Überreste Goethes faulten vor sich hin, Knochen waren schmutzig verfärbt, der Schädel zeigte schimmelige Auflagerungen. Er war vollständig mit Aaskäferlarven bedeckt:

»Die Schalen der selber längst verendeten Insekten überziehen lückenlos das Antlitz, lassen dabei große, schwarze Augenhöhlen und den leicht aufklaffenden Mund ganz frei. Randscharf geben sie die Form des Schädels wieder, der diese Metamorphose erlitten hat.«

Den zur Begutachtung herangezogenen Wissenschaftlern bot sich, so formulierten es zwei von ihnen eher zurückhaltend, »ein sehr unerfreulicher Anblick.« Bei den vielen Öffnungen des Sarges waren Mikroben und Feuchtigkeit in den Sarg gelangt, so war eine Mumifizierung, wie etwa bei den Ägyptern, nicht mehr möglich. Es war tatsächlich ursprünglich geplant, Goethe zu mumifizieren und ihn in einem Sarg mit Glasdeckel, wie Schneewittchen

oder die katholischen Heiligen, auszustellen. Die Experten waren sich aber einig: Goethe darf nicht verschwinden. Und sie beschlossen »in eigener Entscheidung und Verantwortung«, die Mazeration des Leichnams. Bei einer Mazeration wird das Gewebe vom Knochen abgelöst. Die Mazeration bzw. das Mazerieren, von lateinisch macerare »einweichen«, ist ein physikalisches Verfahren, bei dem ein Körper einige Zeit der Einwirkung einer Flüssigkeit, wie zum Beispiel Wasser, Öl oder Alkohol ausgesetzt wird. Wird dieser Prozess durch Wärmezufuhr unterstützt, wie bei Goethe geschehen, spricht man von Digerieren. Dabei wird der feste Körper als solcher nicht aufgelöst, sondern nur das Gewebe entfernt. Eine Skelettierung also. Die besondere Kunst besteht darin, nicht nur die Knochen, sondern auch die Sehnen und Bänder zu erhalten, sodass das Skelett nicht zerfällt. Als sich das Fleisch von Goethes Knochen ablösen ließ, ging es ans Schaben. Früher hätte man zur Mazeration Maden oder Speckkäfer eingesetzt, die das faulende Fleisch auf ihre Weise von den Knochen entfernten. Das blieb dem Poeten aber erspart. Schlimm genug war es aber auch so. Wie man in der zugehörigen »Sonderakte Mazeration Goethe« nachlesen kann, trennten die Experten nach dem Abbrühen tatsächlich das weiche Gewebe von den Knochen. Die Gewebereste wurden verbrannt, die Knochen mit Feinwaschmittel, Wofasept, Alkohol und Wurzelbürsten gereinigt. Dann wurde das blanke Skelett mit Schaumstoff umschlossen und in den schweren Eichensarg zurückgelegt.
Goethe wurde also tatsächlich gekocht. In einem Kessel.

Das Protokoll vermerkt: »Eine Längenmessung ergab von Kopf bis Ferse 166,5 cm. Das Schädelvolumen wurde durch Einfüllen von feinem Sand auf 1550 ml festgestellt.« Goethe hatte somit ein um 200 Milliliter größeres Hirnvolumen als der Durchschnittsmann. Was uns nicht weiter verwundert. Nach knapp drei Wochen durfte der präparierte Goethe in die Gruft zurück. Wieder rumpelte der Handwagen durch die Straßen Weimars. Das gereinigte und mit Schaumstoff geschützte Skelett wurde zurück in den Sarkophag gelegt. Nur Goethes Leichenhemd, das zur Restauration nach Berlin gegeben worden war, kam nicht pünktlich zurück. Es wird seitdem im Schillermuseum in Weimar geheim gehalten. Einige Gewebereste sind in einem Glaszylinder in den Sarkophag gelegt, der Rest aber verbrannt worden. Unter anderem auch Goethes Schuhe und Strümpfe. Die Wiedereinbettung, so heißt es im Protokoll, begann am 21. November 1970 um 16.15 Uhr und endete gegen 21.30 Uhr. Sie verlief nicht störungsfrei. Zuerst rüttelte jemand an der Tür der Fürstengruft und ließ die Männer erstarren. Dann stießen sie beim Verlassen der Gruft auf ein Pärchen beim Liebesspiel auf dem Friedhof, welches sich aber nicht stören ließ.

Und Goethes Worte, die er Ende September 1826 äußerte, passen auch hier: »Und niemand kann die dürre Schale lieben/Welch herrlich edlen Kern sie auch bewahrte.«

Hat es je etwas Ähnliches gegeben?

Bevor wir den Frauenplan wieder verlassen, werfen wir noch einen Blick auf zwei Gasthäuser, die sich beide seit Jahrhunderten hier befinden und die es auch zu Goethes Zeiten schon gab. Zuerst das Gasthaus »Zum Weißen Schwan«. Nachdem Goethe sein Wohnhaus am Frauenplan bezogen hatte, kehrte er selbst immer wieder gern dort ein und empfahl das Wirtshaus auch seinen zahlreichen Besuchern und Freunden. Aus einem Brief an seinen Freund, den Komponisten Carl Friedrich Zelter, stammt der berühmte Satz: »Der weiße Schwan begrüßt dich jederzeit mit offenen Flügeln«. Goethes Stammplatz soll übrigens in der Gemeindestube »gleich neben dem Ausschank« gewesen sein. War klar. An die Beschießung

Schmales Handtuch

Weimars durch die Truppen Napoleons im Jahr 1806 erinnert die in die Westseite des Gasthauses eingemauerte Kanonenkugel. Gegenüber befindet sich die Wirtschaft »Zum Goethebrunnen«, welche in Weimar »Schmales Handtuch« genannt wird. Dieser Gasthof ist eine alte Kutscherkneipe und hat sich seit über 200 Jahren kaum gewandelt. Und so gilt auch heute noch: Der »Schwan« beherbergt die betuchten Gäste – er gehört heute zum »Hotel Elephant« – und das »Handtuch« ist für die, die es gerne ungezwungen und urgemütlich haben.

Bevor wir uns Schiller zuwenden, bleiben wir doch noch kurze Zeit bei unserem Geheimrat, und zwar mit einer unglaublichen Zwischengeschichte, die er Zeit seines Lebens gerne verschwieg: Seine Hinrichtung.

Natürlich nicht seine eigene, sondern die einer Kindsmörderin.

Johanna Catharina Höhn (1759–1783), geboren in Tannroda bei Weimar, verband ihr Schicksal untrennbar mit dem von Goethe. Sie war als Magd in der Niedermühle in Weimar angestellt und hatte im April 1783, nach mehrfacher Vergewaltigung durch ihren Dienstherren, einen unehelichen Sohn geboren. Ob sie ihn wirklich nach der Geburt mit drei Messerhieben tötete, wie es offiziell hieß, oder er tot geboren wurde, das wissen wir nicht. Wir wissen jedoch, dass sie ohne Rechte war, arm und unwissend, drangsaliert von Müller und Müllerin. Als sie immer dicker wurde, maß sie dem erst keine Bedeutung bei, doch die uneheliche Schwangerschaft wurde entdeckt. Die Müllerin wollte sie aus dem Haus werfen, doch was, wenn das Kind vom Müller war? Ein uneheliches Kind, diese Schande. Was würden die Leute sagen? Johanna bekam also das Kind, einen Jungen, in der Nacht, allein gelassen, in Dreck und Stroh, ohne Hilfe, nicht wissend, wie ihr geschah. Als das tote Kind entdeckt wurde, war das Erschrecken groß. Mord, Mord, so schrien alle, und Johanna wurde in den Gefängnisturm geworfen.

Am 25. September 1783 wurde Johanna nach Misshandlungen und Folter von einem ordentlichen Gericht zum Tod durch das Schwert verurteilt. Der Herzog Carl August aber war als aufgeklärter Herrscher von der Notwendigkeit der Todesstrafe nicht überzeugt. Er schaltete deshalb sein Geheimes Conseil ein – sein Beratergremium, das aus den Herren von Schnauss, von Fritsch und von Goethe bestand – und ersuchte um juristischen Rat. Schnauss und Fritsch kamen der Aufforderung umgehend nach. Der erste war für die Hinrichtung der Delinquentin, der andere, Fritsch, Vorsitzender des Conseils, unterstützte Carl Augusts reformatorische Ansichten und plädierte dagegen. Damit hatte Goethe die Rolle des Züngleins an der Waage zu übernehmen. Trotz Faust und Gretchen stimmte er als Mitglied des obersten Weimarer Gerichts und Berater des Herzogs Carl August für die Enthauptung der Kindesmörderin. In einem Zitat heißt es:

»Da das Resultat meines unterthänigst eingereichten Aufsatzes mit beyden vorliegenden gründlichen Voti völlig übereinstimmt, so kann ich umso weniger zweifeln selbigen in allen Stücken beyzutreten, und zu erklären dass auch nach meiner Meinung räthlicher seyn mögte die Todesstrafe beyzubehalten.«

Das entsprechende Dokument datiert vom 4. November 1783.

Noch am gleichen Tag setzte der Herzog seine Unterschrift unter das Urteil. Vor ihrer geplanten Hinrichtung bekam Johanna Catharina die Henkersmahlzeit gereicht und durfte essen und Wein trinken, so viel sie wollte. Welch' Gnade. Am 28. November 1783 wurde sie vom Henker mit einem Schwertstreich enthauptet und damit vom Leben in den Tod gebracht. Der Gehilfe des Henkers, der sogenannte Löw, zeigte den Kopf der Menge, so wie es der Brauch war. Das geschah an einer Stelle in Weimar, die auch heute noch zu den zentralsten gehört – dem Goetheplatz. Doch es gibt bei dieser Geschichte zumindest auch eine Art von Gerechtigkeit. Der Müller, der die Magd vergewaltigt und geschändet hatte, kam ebenfalls öffentlich vor Gericht. Er sagte aus, weil ihn seine Frau nicht mehr liebte und ihn nicht in das eheliche Bett gelassen habe, musste er anfangen selbstgebrannten Schnaps zu trinken und war gezwungen, seinen Samen vor ihren Augen stets auf den Boden fließen zu lassen. Der Schnaps aber habe bewirkt, dass er zum Bock geworden sei, er sei ohnehin von Gott zu reichlich mit seinem Zeugungsapparat ausgestattet worden und gerate deshalb oft in körperliche Not. Als er gefragt wurde, ob ihm nicht bewusst gewesen sei, dass er Ehebruch begangen habe, sagte der Müller, er würde da keinen Unterschied machen, da doch das Gesinde häusliches Eigentum sei, gerade wie das Vieh. Auf die Frage, ob er dann auch mit dem Vieh verkehrt habe, schwieg der Beschuldigte. Der Müller gab zu Protokoll, dass die Magd, als sie in seinen Haushalt gekommen war, noch Jungfrau gewesen sei. Dem musste er Abhilfe schaffen. Die Menge quittierte diese Aussage mit einem Lachen. Die Strafe des Müllers war vier Wochen Zuchthaus mit Zwangsarbeit im Steinbruch, bei der er 1200 Pflastersteine auf ordentliche

Kanten zurechthauen musste, dazu hatte er die Versorgungskosten seiner Magd im Gefängnis rückwirkend zu begleichen. Außerdem wurden ihm doppelte Steuern für fünf Jahre auferlegt, und als Hauptstrafe wurde verfügt, »den Zeugen von seiner unseligen Manneskraft zu befreien«. In einer nicht öffentlichen Exekution in der Anatomie von Jena sollte sein männlicher Zeugungsapparat vollständig und unwiderruflich entfernt werden. Das Datum wurde auf den nächsten Tag festgesetzt und die entnommenen Organe sollten der anatomischen Wissenschaft zur Verfügung gestellt werden. Der Müller schrie vor Entsetzen auf und warf sich auf den Boden. Doch es half nichts, einen Tag später wurde das Urteil vollstreckt. Der Müller überlebte die Prozedur nur um einen weiteren Tag.

Hätte Goethe anders votiert und nicht für den Tod der Magd gestimmt, hätte Johanna überlebt, im Kerker zwar, aber sie wäre am Leben geblieben. Zeit seines Daseins versuchte der Dichter, diese Geschichte zu verschleiern und zu vergessen. Die schriftlichen Protokolle beweisen aber die Episode.

»Trauet nicht den Rosen eurer Jugend,
Trauet, Schwestern, Männerschwüren nie!
Schönheit war die Falle meiner Tugend,
Auf der Richtstatt hier verfluch ich sie! -
Zähren? Zähren in des Würgers Blicken?
Schnell die Binde um mein Angesicht!
Henker, kannst du keine Lilie knicken?
Bleicher Henker, zittre nicht!«

Die Kindsmörderin

Friedrich Schiller 1782

Als ob er diese Geschichte vorausgeahnt hatte, schrieb Friedrich Schiller, ein Jahr vor den Ereignissen um Johanna Catharina dieses Gedicht. Wir begeben uns nun, wie versprochen, die Frauentorstraße hinab bis zur Schillerstraße zu Schillers Wohnhaus.

FRAUENTOR UND SCHILLERS ERSTES HAUS

LIEBSCHAFTEN UND GELDPROBLEME

Am Anfang der Schillerstraße befindet sich ein kleiner Platz, an dem sich in historischer Zeit eines der vier Weimarer Stadttore befand – das Frauentor. Es war das größte und stärkste in Weimar, bestückt mit vier Türmen und einer Schleuse zur Visitation der Reisenden und zum Kassieren des Zolls.

Als Weimar im Jahr 1410 das Stadtrecht zuerkannt bekam, entstand auch eine Stadtmauer in Form eines Doppelringes. Der Abstand zwischen den Umfassungen betrug acht bis zehn Meter. Verstärkt waren die Mauern mit zehn Türmen und vier zusätzlich befestigten Toren. Die Schillerstraße, die sich heute hier anschließt, hieß vormals »Esplanade«, sie entstand nach dem Rückbau der alten Weimarer Stadtbefestigung zwischen 1760 und 1765 und diente im 18. Jahrhundert als Wandelallee. Ehemals mit mehreren Baumreihen bepflanzt, zog sie sich vom inneren Frauentor, am sogenannten Schützengraben, bis zum Palais der Herzogin Anna Amalia. Die Häuserzeilen rechts und links zeichnen noch den

Verlauf dieser Mauer nach. Wenn wir die Schillerstraße emporsehen, befindet sich in etwa 150 Metern Entfernung, rechter Hand, ein auffälliges gelbes Haus. Es ist das Schiller'sche Wohnhaus, dieses bezog er aber erst 1802. Zuvor lebte er mit seiner Familie in der Windischengasse, welche vom Marktplatz rechtwinklig nach Westen führt.

Um zu seiner ersten Wohnung zu kommen, müssen wir uns also geradeaus Richtung Markt begeben und uns dort am Ginkgomuseum links halten. Schillers erstes Domizil in Weimar befindet sich 100 Meter weiter auf der rechten Seite in der Nummer 8, kenntlich auch durch die Inschrift am Türsturz. 1799 beschloss er, diese Wohnung zu mieten, und wohnte dort mit Frau Charlotte, geborene von Lengefeld, den Kindern und den Bediensteten in der zweiten Etage. »Alles in mir strebte nach Weimar, und ich beschloss noch vor der Michaelismesse, die Wohnung der Charlotte von Kalb (1761–1843) für ein Jahr zu mieten und bereits im Januar nach Weimar zu gehen«, so ein Zitat Schillers. Aber bitte verwechseln Sie die zwei Charlottes nicht! Charlotte von Schiller (1766–1826) und Charlotte von Kalb waren sich nämlich nicht gerade wohlgesonnen. Schiller hatte mit beiden Damen ein Verhältnis, typisch für ihn, weswegen ein Exkurs zu seinen Liebschaften an dieser Stelle durchaus angebracht ist.

Man darf festhalten, dass Friedrich Schiller in jungen Jahren kein außerordentlich sinnlicher Mensch war. »Außer ein paar Sprünge mit Soldatenweibern, auch in Gemeinschaft mit Freunden, weiß ich keine Unzucht von ihm«, berichtete Schillers Freund Georg Friedrich von Scharffenstein (1760–1817). Einige Jahre später wurden dann aber auch entgegengesetzte Extreme bekannt. Es wird gesagt, dass Schiller während der Zeit in Stuttgart nur zwei Extravaganzen beherrscht habe: »Exzentrizität und tierischen Genuss.« Mehrere seiner Bekannten wollen sogar Zeugen gewesen sein, als er »während eines Beischlafs, wobey er brauste und stampfte, nicht weniger als 25 Prisen … Geistigen Taback in die Nase nahm.«

Der 22-jährige Schiller genoss das Leben in vollen Zügen, hatte er doch einen gewissen Nachholbedarf. Die Kneipen und Boudoirs der Stuttgarter Altstadt wurden sein Zuhause. Er zechte mit Freunden, verzockte beim Kartenspiel seinen letzten Heller, machte Schulden und verfiel der Anziehung einer reifen Frau: Luise Dorothea Vischer, eine 30-jährige blonde Witwe. Sie war seine Zimmerwirtin und Muse. Sie dürfte aber auch diejenige gewesen sein, die dem jungen heißblütigen Poeten erstmals die Pforten zum Paradies öffnete und ihn die Wonnen der Lust lehrte. Schiller schrieb für sie das Gedicht *Die seligen Augenblicke an Laura*, eines der schönsten Gedichte deutscher Liebeslyrik. Wenn da »Mund an Mund gewurzelt brennt« und »Wollustfunken aus den Augen regnen«, wird deutlich genug, welcher »Leierklang aus Paradieses Fernen« da gemeint sein könnten – und was es mit »deinem wollustheißem Munde« auf sich hat. Doch für Äußerlichkeiten hatte Schiller in dieser Hinsicht wohl keinen Blick. Das folgende Zitat stammt von Schillers Stuttgarter Freund Johann Wilhelm Petersen (1758–1815): »Kein Sinn für körperliche Schönheit. Seine Liebe mit Vischerin, einem wie an Geiste so an Gestalt gänzlich verwahrlosten Weibe, einer wahren Mumie. Und dies ist die Laura, die er besang.«

Dann ging Anfang 1784 das Gerücht um, Schiller habe in Mannheim Margaretha Schwan, die Tochter seines Verlegers, geheiratet. Eine Falschmeldung. Allerdings hat Schiller wohl tatsächlich bei ihrem Vater vorgefühlt, ob der einer möglichen Liaison mit Margaretha wohlgeneigt wäre. Der Verleger zeigte Interesse, machte aber zur Bedingung, dass Schiller den Beruf des Mediziners ergreifen oder bei ihm in den Buchhandel eintreten müsse. Die Dichtung sollte Schiller nur noch als Nebenberuf betreiben. Er hielt am 24. April 1785 um die Hand von Margaretha an, die er schon seit einem Jahr verehrte. Ihre genaue Antwort ist nicht bekannt, aber das Ergebnis: Schiller hatte keine Chance.

Im Frühjahr 1788 erhielt Schiller dann aber auch noch einen Heiratsantrag von einer Dame aus Schweinfurt. Seinem Freund Gottfried Körner berichtete er:

»Einen Spaß muss ich dir noch erzählen! Vor einigen Wochen ist durch die vierte Hand eine Anfrage aus der fränkischen Reichsstadt Schweinfurt an mich ergangen, ob ich dort nicht eine Stelle als Ratsherr mit leidlichem Gehalt annehmen wolle, verbunden mit einer Frau mit einigen tausend Talern, die, setzte man hinzu, an Geistes- und äußerlichen Vorzügen meiner nicht unwert sei. Die Stelle sollte mich wöchentlich nur einige Stunden kosten und dergleichen Vorzüge mehr. Ich möchte nur wissen wie man eigentlich auf mich verfallen ist. Vielleicht hat ihr ja der Zufall einige von meinen Schriften in die Hände gespielt, an den sie Geschmack gefunden hat. Anders kann ich mir das Rätsel nicht erklären.«

Schiller kostete seinen Ruf als frischer Dichter und Rebell aus und zog die Gunst und Aufmerksamkeit weiterer Frauen auf sich. Er verliebte sich unsterblich in eine blutjunge Adelige, die 17-jährige Caroline von Lengefeld. Er machte sie zu seiner Heldin Luise in *Kabale und Liebe*, einem bürgerlichen Trauerspiel. Zweimal versuchte der mittellose Dichter sein Glück und hielt bei den Eltern um ihre zarte Hand an. Leider ohne jeden Erfolg.

Trost suchte der Verschmähte bei Charlotte von Kalb, die er in Mannheim kennen und lieben lernte. Sie war alles für ihn: Lehrmeisterin, Muse, Gönnerin, Vertraute und exzentrische Geliebte. Eine anspruchsvolle, leider verheiratete Frau, die ihn verehrte, mit ihm von einem gemeinsamen Leben träumte und sich sogar scheiden lassen wollte, um ganz für ihren Friedrich da zu sein. Nach elf gemeinsamen Monaten verließ Schiller sie aber für immer. Es zog ihn nach Weimar, in den Dunstkreis von Herder, Wieland und Goethe.

Dort traf er auch endlich beide Schwestern von Lengefeld, Caroline war ihm vertraut, nun lernte er noch ihre Schwester Charlotte kennen. Und beide wurden die zwei Frauen, die fortan Schillers Leben und auch seine Lust bestimmen sollten. Schiller mochte sie beide. Die eine, Caroline, war lebhaft, zügellos und klug, die andere, Charlotte, ruhig, ausgeglichen und häuslich. Einem guten Freund gegenüber erwähnte er: »Beide Geschöpfe sind, ohne schön zu seyn, anziehend und gefallen mir sehr.« Was folgte, war ein heiter-frivoles Dreiecksverhältnis. Nach seiner Verlobung mit Charlotte schrieb Schiller ihr Liebesbriefe, die auch an Caroline gerichtet waren, er schrieb Caroline Liebesbriefe, die Charlotte einschlossen, er schrieb Liebeswerbungen, die an beide gerichtet waren. Und beide schrieben Liebesbriefe an ihn. Ein Verhältnis zu dritt. Ungeheuerlich in der damaligen Zeit.

Und während sich der umtriebige Poet mit den Damen vergnügte, glaubte die verlassene andere Charlotte (von Kalb) noch immer an eine gemeinsame Zukunft mit dem aufstrebenden Dichtergenie und forcierte die Scheidung ihrer Zwangsehe. Ihr Mann, Alexander von Kalb (1752–1806), willigte aber nicht ein. Kein Wunder, wurde er doch von Schiller in dessen Trauerspiel *Kabale und Liebe* karikiert. Er zog sich auf sein Gut bei Trabelsdorf zurück, wo er eine Affäre mit der bei ihm als Köchin dienenden Lehrerstochter Barbara Tod [sic] begann, aus der drei Kinder hervorgingen. Am 8. April 1806 erschoss er sich im Gasthof »Zum Goldenen Hahn« zu München. Als sich die Gerüchte von Schillers amourösen Abenteuern bewahrheiteten, verbrannte Charlotte von Kalb in ihrer Wut die gesamte Korrespondenz mit dem Ex-Geliebten und zerstörte dadurch jegliche pikanten Details ihrer Beziehung. Schade.

Schiller schrieb 1788 mit seiner *Geschichte des Abfalls der vereinigten Niederlande von der spanischen Regierung* seinen ersten Bestseller. Das Buch verkaufte sich so gut, dass noch im gleichen Jahr eine zweite Auflage gedruckt wurde. Die finanziellen Nöte des Dichters schienen damit endgültig vorbei zu sein. Seine Unabhängigkeit und sein exzessives Liebesleben gingen nach zehn Jahren zu Ende. Die von ihm geliebten Schwestern, von gegenseitigen Eifersüchteleien angestachelt, drängten auf eine Entscheidung. Doch obwohl Schiller ein Zusammenleben mit beiden bevorzugt hätte, fügte er sich in sein Schicksal und heiratete – mehr aus Überzeugung als aus Liebe – am 22. Februar 1790 Charlotte von Lengefeld in der kleinen Kirche in Wenigenjena. Aus der Ehe gingen vier Kinder hervor: Karl Ludwig Friedrich (1793–1857), Ernst Friedrich Wilhelm (1796–1841), Caroline Luise Friederike (1799–1850) und Emilie Henriette Luise (1804–1872). Am 3. Dezember 1799 zog er in seine Weimarer Mietwohnung in der Windischengasse ein. Hier beendete er die Arbeit am Drama *Maria Stuart* und verfasste die *Jungfrau von Orléans.* Die Arbeit an den Werken gestaltete sich aber schwierig, denn Schiller war mit seiner Mietwohnung alles andere als zufrieden. Es war eng, laut, die Kinder schrien und tobten, auf der Gasse rumpelten die Karren einher und Friedrich hatte Probleme, gezielt zu arbeiten. An manchen Tagen verzweifelte er schier. Trotzdem entstand hier auch das *Lied von der Glocke.* Sie kennen es? »Festgemauert in der Erden ...« Sie kennen es! Etwas weiter unten in der Glocke steht:

»Nehmet Holz vom Fichtenstamme,
Doch recht trocken laßt es sein,
Daß die eingepreßte Flamme
Schlage zu dem Schwalch hinein.«

Schillers ältester Sohn Karl – später Forstrat im Württembergischen – äußerte sich dazu: »Mein Vater war gewiss ein großer Dichter, aber von Holz hat er nichts verstanden. Sonst hätte er in dem Lied von der Glocke nicht geschrieben ›Nehmet Holz vom Fichtenstamme‹, denn das ist nun einmal das schlechteste Holz!«

So kann es gehen mit der Kritik der Kinder.

Kaiser Franz II. erhob Schiller am 7. September 1802 in den Reichsadelsstand. Er durfte sich von nun an Friedrich von Schiller nennen. Der Kaiser verlieh ihm allerdings kein neues Wappen, sondern das einer ausgestorbenen Familie gleichen Namens. Damit es sich vom bisherigen Wappen unterschied, versah er es mit einem spezifischen Symbol. Er bedeckte den über dem Schild aufliegenden Turnierhelm mit einem Dichterlorbeer. Gewollt hat Schiller das Diplom aber keineswegs, er schrieb an seinen Freund Körner:

»… alles bringt dieser Adelsbrief nun ins Gleiche, weil meine Frau, als eine Adlige von Geburt, dadurch in ihre Rechte, die sie vor unsrer Heirat hatte, restituiert wird; denn sonst würde ihr mein Adel nichts geholfen haben. Für meine Frau hat die Sache einigen Vorteil, für meine Kinder kann sie ihn mit der Zukunft erhalten, für mich freilich ist nicht viel gewonnen.«

Der nun aktuelle »Friedrich von Schiller« nahm das Diplom also nur aus Liebe zu seiner Frau Charlotte – einer geborenen Adligen – an, damit sie wieder zusammen mit ihrer Schwester Caroline bei Hofe erscheinen durfte. Denn wer seinen Traummann haben will, muss mitunter Opfer bringen. Charlotte von Lengefeld kostete ihre Hochzeit den Adelstitel. Und das war weit mehr als der Verlust der unscheinbaren Silbe »von«. Denn ihr als Ehefrau des bürgerlichen Schiller wurde künftig das ungezwungene Erscheinen bei Hofe verwehrt. Der Dichter der *Räuber* hingegen befand sich nun in der recht aparten Situation, gleichzeitig Ehrenbürger des revolutionären Frankreichs und Angehöriger des deutschen Reichsadels zu sein. Letzteres kostete ihn übrigens 400 Gulden, was einem heutigen Wert von ca. 4500 Euro entspricht. Eine Unsumme für den ständig unter Geldnot ächzenden Schiller. Sie wurde deshalb auch nicht etwa von ihm oder aus der Privatschatulle des Herzogs bezahlt, sondern aus der Weimarischen Staatskasse, den Steuergeldern der Untertanen also. Ausgerechnet Schiller profitierte so von den Steuern der Armen, um Adliger zu werden.

Wer hätte das gedacht?!

Bevor wir nun aber zu Schillers eigentlichem Wohnhaus gehen, noch eine kleine Anekdote: Bei einem Besuch im Hause seines Freundes hatte Goethe, als er kurz alleine war, folgenden Gedichtanfang auf dem Schreibtisch seines Freundes entdeckt: »Er saß an ihres Bettes Rand und spielte mit ihren Flechten.« Ohne dass Schiller es merkte, erweiterte Goethe das Gedicht um zwei Verse: »Das tat er mit der linken Hand. Was tat er mit der Rechten?«

Wir gehen die Gasse weiter entlang und biegen gleich links in die Neugasse ab. Dort sehen wir rechter Hand zwei Gebäude, ein weißes und ein gelbes. Im kleinen Innenhof treffen wir gleich wieder zusammen.

SCHILLERS WOHNHAUS

SCHULDEN, DICHTUNGEN UND TOD

Bei dem gelben Gebäude handelt es sich um Schillers ehemaliges Wohnhaus, das weiße gegenüber ist das Schillermuseum. Es wurde aber erst 1988 errichtet. Auf dem heutigen Innenhof stand zu des Dichters Zeiten eine Kneipe, der »Goldene Adler«. Im Zweiten Weltkrieg wurde das gesamte Areal zerstört, zu DDR-Zeiten befand sich dort nur eine Rasenfläche.

Schillerhaus

Das Wohnhaus von Schiller wurde im Jahre 1777 durch den Baumeister Anton Georg Hauptmann (1735–1803) errichtet. Im Jahre 1801 wurde das Gebäude vom englischen Schriftsteller, Konsul und Schillerübersetzer Charles Mellish of Blyth (1769–1823) erworben, der es im März 1802 bereits an Schiller weiterverkaufte. Mellish war übrigens mit Caroline Ernestine Freiin von Stein verheiratet, einer Verwandten von Charlotte von Stein. Auch hier schließt sich wieder ein Kreis.

Schiller und seine Familie bezogen das Haus am 29. April 1802. Im Erdgeschoss befanden sich die Wirtschaftsräume, im ersten Stock wohnte Schillers Familie und das Dachgeschoss mit Empfangs-, Wohn- und Arbeitszimmer war dem Dichter vorbehalten. Dieses Gemach belebte seine produktive Stimmung, hier fühlte er sich zum ersten Mal heimisch in Weimar. Doch ein eigentlich widerlicher Geruch musste ihn hier, wie auch schon in seiner ersten Wohnung, begleitet haben. Denn eine seiner Schreibtischschubladen musste stets mit faulen Äpfeln gefüllt sein. »Ich empfand es als Erleichterung für meine Lungen, diesen starken Geruch einzuatmen. Ich hatte mich so sehr daran gewöhnt, dass ich auf dieses, mir helfende Mittel nicht mehr verzichten konnte«, schrieb Schiller. Die verdorbenen Äpfel erinnerten ihn wohl an seine Kindheit, denn sein Vater war unter anderem Pomologe, also Apfelforscher.

Der Hauskauf war ein schwieriges finanzielles Unterfangen für den Dichter. Er bezahlte 7200 Gulden oder 4200 Taler für das Anwesen. Für notwendige Umbauarbeiten und die Renovierung veranschlagte Schiller nochmals 800 Gulden. Aber erst sein Verleger, Johann Friedrich Cotta (1764–1832), machte den Kauf des

Hauses, durch einen großzügigen Vorschuss von 2600 Gulden auf zukünftige Werke, möglich. Auch Schillers Schwiegermutter half mit einem zu vier Prozent verzinsten Darlehen in Höhe von 600 Gulden. 2200 Reichstaler wurden über eine Hypothek finanziert, den Rest wollte Schiller durch den Verkauf seines Gartenhauses in Jena begleichen. Dieses konnte der Dichter jedoch nur mit einem Verlust von 500 Reichstalern, für 1150 Taler veräußern.

Ziemlich verwirrende Geldgeschäfte, oder? Um Sie darüber nicht weiter im Unklaren zu lassen, soll hier ein kleiner Diskurs über das Geldwesen im 18. Jahrhundert folgen. Gulden und Taler existierten nebeneinander, ein Taler war etwa 2 Gulden oder 24 Groschen wert. Daneben gab es noch Kreuzer, Halbgroschen, Heller und Pfennig, wobei ein Pfennig zwei Heller entsprach. Dazu kamen die Dukaten, etwas mehr als 5 Reichstaler, sowie der Karolin, ein 5-Taler-Stück oder 11-Gulden-Stück.

Ein preußischer Soldat erwarb jährlich etwa 24 Taler, also 48 Gulden, das war knapp an der Armutsgrenze. Allerdings hatte er freie Kost und Logis. Ein preußischer Beamter verdiente 100 Taler, also 200 Gulden im Jahr. Ein Handwerksmeister erarbeitete sich jährlich 200 bis 600 Taler, also 400 bis 1200 Gulden. Johann Wolfgang von Goethe soll rund 3000 Taler im Jahr verdient haben, was etwa 6000 Gulden waren. Er hatte allerdings noch viele andere Einkünfte, die Schiller nicht besaß. Schiller verdiente als Professor in Jena 200 Taler, also 400 Gulden.

Aber ein Problem für Schiller blieb: Er war schwer verschuldet, vor allem bei seinem Verleger Cotta. Und der handelte mit seinen finanziellen Vorschüssen natürlich nicht uneigennützig, denn Schiller musste Geld verdienen und war somit außerordentlich fleißig. Die großen Dramen der letzten Lebensperiode verfasste er in Windeseile, fast als ob er den bald bevorstehenden Tod bereits erahnte. So brauchte er für *Wilhelm Tell* sechs, für die *Braut von Messina* nur fünf Monate. Zu welchen Leistungen Schiller imstande war, wenn ihn seine Krankheit nicht behinderte, zeigt auch das Tempo, in dem er kleinere dramatische Arbeiten wie *Die Huldigung der Künste* abschloss: Für das immerhin 250 Verse umfassende Spiel benötigte er im November 1804 lediglich fünf Tage. Die Erstellung einer Bühnenfassung von Goethes *Egmont* dauerte im April 1796 trotz schlechter körperlicher Verfassung nur zwei Wochen, Lessings *Nathan der Weise* redigierte er für die Bedürfnisse des Weimarer Theaters im April 1801 in einigen Tagen, die Übersetzung von Jean Racines *Phèdre*, einer Tragödie in fünf Akten, war wenige Monate vor seinem Tod, beeinträchtigt durch Krankheitsschübe, trotzdem in nur vier Wochen abgeschlossen.

Drei Monate vor seinem Tod begann er noch den *Demetrius*, der aber ein Fragment blieb, denn Schiller starb vor der Beendigung in seinem Arbeitszimmer. Diese letzte Geschichte handelt von einem »betrogenen Betrüger«, der in der russischen »Zeit der Wirren« 1605/06 für einige Monate an die Macht gelang, indem er – fälschlich – behauptete, Dmitri (lat. Demetrius) Iwanowitsch (1582–1591), jüngster Sohn Iwans des Schrecklichen, zu sein. In Wirklichkeit war er allerdings ein Hochstapler und keineswegs der entkommene Zarensohn.

Die dramatischen letzten Tage des Dichters werden von seiner Frau Charlotte so geschildert: Am Abend des 1. Mai 1805 kam ihr Ehemann zähneklappernd mit Schüttelfrost nach Hause. An den nächsten beiden Tagen erbrach er alles, was er zu sich nahm, war aber noch imstande, Besuch zu empfangen. Am 5. Mai wurde der Husten schlimmer, es folgte eine unruhige Nacht. Am 6. Mai verschlechterte sich sein Zustand, sein Puls wurde schwächer und er hatte einen heftigen Krampf auf der Brust. Spätestens an diesem Tag musste der Kranke von seinem Arzt Dr. Huschke besucht worden sein, der ihn dann bis zu seinem Tod betreute. Nach einem Kräuterbad fühlte sich Schiller anfangs noch etwas wohler, konnte wieder stehen und umhergehen. Am 7. und 8. Mai warfen ihn aber wieder schmerzhafte Krämpfe aufs Bett, er fantasierte viel, wollte nichts essen und nur wenig trinken. Wenn er bei Bewusstsein war, war er liebevoll, freundlich und ruhig gestimmt. Auf die Frage, wie es ihm gehe, antwortete er: »Heiter, immer heitrer.« In seiner letzten unruhigen Nacht rief Schiller aber mehrmals: »Komme von oben herab, bewahre mich vor langwierigen Leiden!« Am 9. Mai schlief er gegen Mittag ein. Er schreckte aus dem Schlaf aber noch mehrfach hoch und fragte: »Ist das die Hölle, ist das der Himmel?« Als Letztes wurde dem schwer Erkrankten noch ein Glas Champagner gereicht. Sein letztes Wort war: »Iudex!« Lateinisch für Richter. Am späten Nachmittag, gegen 17.30 Uhr, schlief er friedlich ein und erwachte nicht mehr.

Was war ante mortem geschehen? Schiller, der selbst Arzt war, behandelte sich selbst mit Chinin. Denn bereits Jahre vorher erkrankte er am »kalten Fieber«, wie damals die Malaria genannt wurde. Laut einer Veröffentlichung der Universität Jena aß er nur Wassersuppen und fiebersenkende Chinarinde. Die Folge waren Verstopfungen und Blähungen. Nach einem Kollaps diagnostizierte sein Arzt Dr. Huschke »gewöhnliches Seitenstechfieber«, was wohl eine Fehldiagnose war. Huschke behandelte Schiller mit Blutegeln (zur Blutabnahme), Senegawurzel (zum Abhusten), Spiritus Mindererie (gegen trockenen Husten) und mit der Wurzel der Serpentaria (ein Gegenmittel für schleichendes Nervenfieber). Schiller begann daraufhin zu fantasieren und starb noch in derselben Woche. Die Obduktion ergab: Die Todesursache war wahrscheinlich Tuberkulose, doch sie brachte auch Merkwürdiges zutage:

»… Die Rippenknorpel waren durchgängig und sehr stark verknöchert. Die linke Lunge marmoriert und mit Eiterpunkten. Das Herz stellte einen leeren Beutel vor und hatte sehr viele Runzeln, war häufig ohne Muskelsubstanz. Diesen häutigen Sack konnte man in Stücke zerflocken. Die Leber natürlich, nur die Ränder brandig.
Die Gallenblase noch einmal so groß als in natürlichem Zustande und strotzend vor Galle. Die Milz um 2/3 größer als sonst. Die rechte und die linke Niere in ihrer Substanz aufgelöst und völlig verwachsen …«

Dieses Sektionsprotokoll ist vielfach bezweifelt worden. Doktor Huschke fügte dem Obduktionsbefund noch den lapidaren Satz hinzu: »Bei diesen Umständen muß man sich wundern, wie der arme Mann so lange hat leben können«. Schiller muss somit ungeheuer zäh gewesen sein.

Möglich ist jedoch auch, dass Schiller an seiner grünen Stofftapete starb, mit der er sich zwei Jahre vor seinem Tod Arbeits- und Schlafzimmer hatte verschönern lassen. Eine Tapete, deren Farbe man damals »Schweinfurter Grün« nannte, heute würden wir Giftgrün dazu sagen. Diese Tapete wurde mit Schwermetallen behandelt, was man zwar wusste, aber um die Gefährlichkeit dieser Stoffe wusste man eben noch nicht. Bei einer Analyse eines gefundenen Stückes der Originaltapete hat man 1992 festgestellt, dass sie unter anderem mit Blei, Arsen, Kupfer und Quecksilber behandelt war. Über die Ausgasung hat Schiller diese Gifte jahrelang eingeatmet. Möglicherweise ist er also, wenigstens teilweise, an einer Schwermetallvergiftung gestorben.

Um Schillers Tod und sein Begräbnis winden sich ebenfalls unzählige Mutmaßungen. Herzogin Anna Amalia hatte angeordnet, dass die Bestattungen der »Personen von Stand« nachts erfolgen sollten, »damit keine Gaffer dastehen«. Normalerweise trugen Vertreter der Handwerkerzünfte die Särge durch die Stadt bis zum Kassengewölbe auf dem Jakobsfriedhof. In jener Nacht hatte eigentlich die Zunft der Schneider Tragedienst. Nur Carl Leberecht Schwabe (1778–1851), später Bürgermeister von Weimar, ist es zu verdanken, dass 20 Verehrer und Freunde, angetan mit Trauerhüten, Trauerflor und weißen Handschuhen, diesen letzten Dienst an Schiller taten. Etwa gegen Mitternacht der Nacht vom 10. auf den 11. Mai 1805 wurde Schiller von seinen Vertrauten auf den Jakobsfriedhof getragen, den Sarg auf den Schultern, mit Fackeln beleuchtet. Der Weg führte über die Esplanade zum Marktplatz, den Töpfermarkt und über die Totengasse zum Gottesacker. Mehrmals musste der Sarg abgesetzt werden, er war einfach zu schwer. Gegen 1 Uhr in der Früh erreichte man den Jakobsfriedhof und stellte Schiller vor dem Kassengewölbe ab. Und hier wurde Schiller begraben. Dreimal!

Aber das ist eine andere Geschichte, die ich Ihnen erzählen werde, wenn wir später auf den Jakobsfriedhof kommen. Doch bevor wir fortschreiten, gedenken wir Schiller mit den schönsten Anekdoten, die sich von ihm erzählt werden:

- Schiller wollte eine Zeitung herausgeben, die er den *Apfelmusengematsch* nannte. Zu der Zeit war das Apfelmus aber schon ganz aus der Mode gekommen und die Leute aßen nur noch Pfirsichkompott. Nicht einmal Goethe kaufte das Blatt!
- Dann begann er eines Tages das Harfenspiel zu erlernen. Seine Anfängerübungen klangen nicht schön und einen Nachbarn ärgerten sie so, dass er sich bei einer Begegnung mit dem Dichter eine boshafte Bemerkung nicht versagen konnte. »Sie spielen wie David«, stichelte er, »nur nicht so schön.« Schiller sah den Mann von oben herunter an und erwiderte: »Sie reden wie Salomon, nur nicht so weise.«

Und nun bitte ich Sie, mir wieder zu folgen, wir gehen die kleine Treppe neben dem Schillerhaus hinauf und biegen nach rechts in die Schillerstraße ab. Hier können sie das Dichterhaus auch noch einmal von der Vorderseite bewundern. Nach etwa 300 Metern erreichen wir den Theaterplatz mit dem Goethe-Schiller-Denkmal.

DER THEATERPLATZ

EIN AMBIVALENTES DENKMAL, KANONEN UND EIN PUDEL

In der Mitte des Platzes erhebt sich das Goethe-Schiller-Denkmal, das wohl berühmteste Dichterdenkmal in Deutschland. Ein sehr merkwürdiges Monument. Zur Interpretation stelle ich Ihnen zuerst einmal die offizielle Lesart vor: Das Denkmal stellt das Dichterpaar nebeneinanderstehend dar. Goethe, der ältere der beiden, von kräftiger Gestalt und im Hoffrack, ruhig vor sich hinblickend, lehnt an einem Eichenstamm, seine linke Hand erfasst die Schulter Schillers, während er ihm mit der rechten den Lorbeerkranz reicht. Schiller, jugendlich, von schlanker Gestalt und im langen Gehrock mit teils übergeschlagenem Hemdkragen und offener Weste, hält in der Linken eine Schriftrolle, während die Rechte nach dem Kranz greift. Den Entwurf des Standbildes der zwei Dichter schuf der Dresdner Bildhauer Ernst Rietschel (1804–1861). Die Vorderseite des Sockels trägt die Inschrift:

»Dem Dichterpaar
Goethe und Schiller
Das Vaterland«

Das Denkmal wurde am 4. September 1857 anlässlich der Feierlichkeiten zum 100. Geburtstag von Herzog Carl August von Sachsen-Weimar-Eisenach feierlich enthüllt:

Goethe-Schiller-Denkmal

»Eine tiefe Pause der Erwartung – kein Atem regte sich in der unübersehbaren Menschenmenge. Da sank die Hülle nieder – ein Hauch der Bewunderung, leise in die Luft hin schwebend, dann wie aus einem Munde der begeisterte Ausbruch der Versammelten in unaufhörlichen enthusiastischen Lebehochs.«

Wenn wir uns das Ehrenmal allerdings etwas genauer ansehen, fallen doch viele merkwürdige Details auf. Beide Dichter sind gleich groß dargestellt, obwohl Goethe nur etwa 1,66 Meter zählte, sein Freund Schiller ihn aber um ungefähr 20 Zentimeter überragte. Ernst Rietschel, der zuerst mit mehreren, etwa 60 Zentimeter großen Gipsmodellen übte, beschloss, der Ästhetik wegen, beide nicht in Originalgröße darzustellen. Das zentrale Objekt des Denkmals ist aber unzweifelhaft der Lorbeerkranz. Er ist ein Symbol, eine Insigne für eine besondere Ehre oder Auszeichnung. Daher wird er auch als Siegerkranz bezeichnet. Aber nur Goethe hat ihn in der Hand und hält ihn vor seinen Körper. So kritisierte unter anderem auch König Ludwig II. von Bayern, der das Denkmal mitfinanzierte, dass Goethe den Lorbeerkranz halte, während Schiller nur danach greife, ohne ihn zu berühren. Vielleicht reicht Goethe den Kranz aber auch an Schiller, um ihn am Ruhm teilhaben zu lassen?

Schiller dagegen hat eine Pergamentrolle in der Hand. Sie steht für Arbeit. Musste Schiller also arbeiten und Goethe erfuhr die Ehrungen? Der untere Rand der Pergamentrolle ist aufgeklappt, aber ohne Inschrift. Die Nennung eines seiner Werke wäre hier möglich gewesen, man wollte mit der Leere aber wohl Schillers vorzeitigen Tod dokumentieren. Schiller blickt leicht nach oben, Goethe hingegen frontal nach vorn, seine Hand liegt dabei auf Schillers Schulter. Vielleicht kann man diese Geste als Zeichen der Anerkennung und des Vertrauens deuten? Allerdings ist es auch möglich, hier eine Kehrseite zu erkennen. Goethes Geste sieht gönnerhaft aus. Fast wie eine Ehrung des kleineren Bruders im Geiste.

Wenden wir uns nun der Kleidung zu. Goethe, der ältere, trägt einen Hoffrack, wie ihn Adelige trugen. Ein sehr teures Kleidungsstück, aufwendig gearbeitet, mit 28 verzierten Knöpfen. Schiller ist dagegen in einen langen Reisemantel gehüllt. Sein Gewand ist sehr viel einfacher gehalten und hat vorn und hinten nur neun Knöpfe. Einer fehlt. Sehen wir uns Schillers Kleidung aber noch etwas genauer an, besonders seine Weste. Beim exakten Hinsehen fällt auf, dass zwei Knöpfe an seiner Unterjacke offen stehen, ganz unten und in der Mitte. Diese Tatsache ist bemerkenswert, denn Schiller war ein Adliger, ob er darauf nun Wert legte oder nicht. Und so unterlag er natürlich auch den Bekleidungsvorschriften für Adlige der damaligen Zeit, immer dem Anlass entsprechend tadellos gekleidet zu sein. Wenn er so nachlässig gekleidet durch Weimar spaziert wäre, hätte man ihn gewiss darauf hingewiesen und er hätte seine Knöpfe schließen können. Hier aber ist seine Schlampigkeit für alle Zeiten in Bronze gegossen. Ob dies ebenfalls eine Zurücksetzung Schillers gegenüber Goethe darstellt? Vielleicht.

Aber man sollte sich historische Denkmale auch immer von hinten ansehen. Folgen Sie mir auf die Rückseite. Hier sehen wir den Eichenstamm etwas besser. Eine Inschrift weist nochmal auf die Verantwortlichen hin, oben auf Ernst Rietschel, darunter ist der Gießmeister verewigt, Ferdinand von Miller (1813–1887) aus München. Das Denkmal wurde in München aus Bronze gegossen und dann in Einzelteilen nach Weimar transportiert. Das Monument ist 3,34 Meter hoch und steht auf einem 2,59 Meter hohen Sockel aus Granit. Wie es sich gebührt, handelt es sich auch bei der Bronze um etwas ganz Besonderes, denn sie stammt von eroberten und dann eingeschmolzenen türkischen Kanonen. Endlich einmal ein guter Verwendungszweck für Kanonen. König Ludwig stiftete das Erz.

Beim genauen Betrachten fällt aber noch etwas auf. Wenn wir uns Schillers Mantel von hinten anschauen, sehen wir, dass an ihm auch links eine Borte und ein Knopf fehlen. Deswegen ist die Anzahl der Knöpfe ungerade. Dies rundet die bereits erläuterte Darstellung Schillers ab.

Interessant ist aber auch, dass das Weimarer Dichterdenkmal nicht das einzige Ehrenmal der beiden ist. Kopien stehen in den US-amerikanischen Städten Cleveland, Milwaukee, Syracuse und San Francisco, sie wurden von deutschen Einwanderern gestiftet. Und, man will es kaum glauben, auch in der chinesischen Stadt Anting, rund 34 Kilometer westlich vom Zentrum Shanghais entfernt. Dort hat der Städteplaner Albert Speer Junior (tatsächlich, der Sohn) einen Ortsteil namens »German Town« entworfen, Deutschland in China. 50 000 Einwohner sollten dort leben. Die Chinesen wollten testen, ob im Reich der Mitte die Prinzipien deutschen Städtebaus funktionieren. Das ursprünglich geplante Fachwerk hat Speer, Sohn des Lieblingsarchitekten Hitlers, abwenden können, man einigte sich auf den Bauhaus-Stil. Und so gibt es eine Fußgängerzone, eine der ersten Chinas, mit Goethe- und Schiller-Denkmal mittendrin.

Theaterplatz

Aber wieder zurück zum Original nach Weimar. Hinter dem Denkmal erhebt sich das größte und wichtigste Theater Weimars, das Deutsche Nationaltheater. Hier wurde aber schon lange vor dem Bau des heutigen Stammhauses Theater gespielt. 1791 beschloss Herzog Carl August die Gründung des Weimarer Hoftheaters im ehemaligen Komödienhaus, das 1779 am heutigen Standort des Theaters von Anton Georg Hauptmann (1735–1803) errichtet worden war. Die Leitung bekam natürlich Goethe übertragen. Er eröffnete es am 7. Mai 1791 mit Ifflands Schauspiel *Die Jäger*. Das Theater galt als Mittelpunkt des geselligen Lebens, obwohl in ihm chaotische Zustände herrschten. Im damaligen Theater gab es eine strenge Ständehierarchie, das heißt, es wurde Wert auf eine strikte Sitzordnung gelegt. Es war an der Tagesordnung, dass sich Theatergruppen verprügelten und die Stücke nicht aufgeführt werden konnten. Und der Weimarer Herzog Carl August war nicht nur ein Freund Goethes und des Theaters, sondern auch der schönen Frauen. Vor allem, wenn es bei diesen auch etwas zu sehen gab. War der Herzog im Hoftheater zu Gast, sorgte die Garderobiere also dafür, dass die Dekolletés der Damen beim Hofknicks immer richtig zur Geltung kamen.

Und nun ein wenig Zahlenmystik: 26 Jahre währte Goethes Direktorat des Weimarer Hoftheaters. Gespielt wurde an 4136 Abenden, wie jemand sorgfältig nachgerechnet hatte, und zwar 2797 Sprechstücke – von der Tragödie über das Schauspiel bis zur Posse –, dazu 1084 Opern, Singspiele, Operetten, 255 Ballette. Das war allerhand, oder?

Nach 26 Jahren und unzähligen Streitereien gab Goethe schließlich sein Amt als Theaterdirektor auf. Der letzte Auslöser für seinen Rücktritt scheint grotesk: Er wurde von einem Pudel aus dem Hoftheater vertrieben. In Goethes *Erneuerten Anordnungen für das Weimarische Theater* gibt es einen Paragrafen, in dem es heißt: »Kein Hund darf mit auf das Theater gebracht werden.« Doch das Unerhörte ereignete sich: Statt wie geplant Goethes *Faust* aufzuführen, verfügte Carl August 1817 die Aufführung des Theaterstückes »*Der Hund des Aubry, oder der Wald bei Bondy*«. Es handelte sich dabei um ein Stück von René Charles Guilbert de Pixérécourt (1773–1844), in welchem ein Hund den Mörder seines Herrchens durch ein Gottesurteil identifiziert. Leiter der Inszenierung war der reisende Theaterdirektor Rudolf Karsten.

In dem gruseligen Ritterdrama wird Ritter Aubry von seinem Standesgenossen Richard de Malcaire hinterhältig gemeuchelt. Aubrys treue Dogge Dragon findet die verscharrte Leiche seines Herrn im Wald. Und als Dragon Wochen später zufällig den Mörder erkennt und sich auf ihn stürzt, wird der von Umstehenden zwar gerettet, doch nun des Mordes verdächtigt. Natürlich leugnet er. Doch der König lässt ein Gottesurteil sprechen. Malcaire soll mit der Dogge kämpfen. Er unterliegt und muss aus den Fängen des Hundes befreit werden. Malcaire gesteht und wird dem Henker übergeben. So weit das Schauerstück.

Eine Dogge freilich konnte Herr Karsten nicht auf der Bühne toben lassen. Aber sein großer schwarzer Pudel Nero, ein äußerst gelehriges Tier, war für die Rolle der rächenden Dogge abgerichtet worden. Herzog Carl August war von einer Vorpremiere so entzückt, dass er Herrn von Goethe kurzerhand mitteilen ließ, es sei unverzüglich *Der Hund des Aubry* statt des *Faust* aufzuführen. Am 12. April 1817 trat Nero auf die Bühne in Weimar und spielte Dragon und der Pudel machte seine Sache so ausgezeichnet, dass die Aufführung ein voller Erfolg wurde.

Das war also des Pudels Kern.

Die kommende Intrige besaß aber noch eine ganz andere Dimension. Karoline Jagemann (1777–1848), eine begabte Schauspielerin am Weimarer Hoftheater und Mätresse des Herzogs, hatte den Wunsch, in diesem Stück mitzuspielen. Goethe weigerte sich allerdings. Karoline hatte freilich großen Einfluss auf den Herzog – sie war schließlich seine Liebhaberin und hatte ihm drei Kinder geboren. Der Herzog wollte seiner Geliebten eine Gunst erweisen und verfügte die Aufführung des Werkes. Mit Karoline und Hund. Goethe empörte sich und legte die Leitung des Hoftheaters erbost nieder, ein Plan, der schon seit längerer Zeit in ihm reifte.

Er wurde also tatsächlich von einem Pudel aus dem

Weimarer Theater vertrieben. Und er hat das Hoftheater nach seinem Abgang nie wieder betreten. Ein Witzbold dichtete bald nach der Hunde-Affäre den Vers Schillers *An Goethe* von 1799 um. Er lautete ursprünglich:

»Der Schein soll nie die Wirklichkeit erreichen / und siegt Natur, so muß die Kunst entweichen«. Nun hieß er so: »Dem Hundestall soll nie die Bühne gleichen / und kommt der Pudel, muss der Dichter weichen«.

Doch bei allen Intrigen, gibt es auch drollige Anekdoten über Goethes Zeit am Weimarer Theater zu berichten. So kam es bei der Uraufführung seines Trauerspiels *Die natürliche Tochter* am 2. April 1803 zu folgendem Streitgespräch: Nach dem zweiten Vorhang wandte sich ein Student an einen neben ihm sitzenden, ältlichen Herrn mit der Frage: »Um Vergebung, ist das Stück nicht von Vulpius?« Er meinte den Schwager Goethes. Der ältliche Nachbar erwiderte: »Nein, das Stück ist von Goethe.« Nach dem dritten Aufzug fragte der Student erneut: »Wissen Sie gewiss, daß das Stück nicht von Vulpius ist?« »Nein«, sagte der Nachbar, »das Stück ist von Goethe.« Doch der Student ließ nicht locker: »Ich glaube immer noch, das Stück ist von Vulpius.« »Von Goethe«, kam die Zurechtweisung des Nachbarn. Am Schlusse endlich behauptete der Student: »Sie mögen sagen, was Sie wollen, das Stück ist von Vulpius.« Da erhob sich der stattliche Nachbar und sagte mit einem flammenden Auge: »Das Stück ist von Goethe und ich bin Goethe.« »Sehr erfreut«, sagte der Student, »mein Name ist Müller«.

Auch ein Goethe hatte so seine Probleme.

Mit der Ausrufung der Republik nach der Niederlage im Ersten Weltkrieg und der Abdankung Kaiser Wilhelms II. (1859–1941) entwickelte sich das Weimarer

Theater dann zu einer Schaubühne politischer Selbstinszenierungen. Am 9. November 1918, anlässlich der 100. Aufführung der *Maria Stuart*, kam es zu einem Skandal: Die Vorstellung wurde abgebrochen, als man aus dem Zuschauerraum skandierte: »Nieder mit der monarchistischen Theaterei! Jetzt machen wir Theater!« Das Hoftheater wurde in Landestheater umbenannt und die Hofkapelle hieß nun Weimarische Staatskapelle. Am 1. Januar 1919 wurde der Schriftsteller Ernst Hardt (1876–1947) zum neuen Intendanten berufen. Bereits am 19. Januar, dem Tag der Wahlen zur verfassunggebenden Nationalversammlung, verkündete Hardt die erneute Umbenennung des Theaters, das fortan »Deutsches Nationaltheater Weimar« heißen sollte.

Vom 6. Februar bis 11. August 1919 tagte die Deutsche Nationalversammlung im Theater, um die Reichsverfassung zu verabschieden. Mit der Wahl des Ortes sollte der »Geist von Weimar« für die junge Republik reklamiert werden. Dass man als Ausweichort Weimar wählte, hatte auch eine symbolische Bedeutung, wollte man doch bewusst an den Geist der von Goethe und Schiller geprägten Weimarer Klassik anschließen und hier auch international einen Kontrapunkt zum Bild der barbarischen »Hunnen« des Ersten Weltkrieges setzen. Allerdings hatte Weimar als Tagungsort auch ganz praktische Gründe. In Berlin war es schlicht und einfach zu gefährlich für die Abgeordneten. Deshalb musste die Versammlung in Weimar auch gut geschützt werden. Anfang Februar 1919 kam ein Landesjägerkorps unter General Maercker nach Weimar, wo es den dortigen Arbeiter- und Soldatenrat entwaffnen sollte. Maerckers Taktik aus massiver militärischer Präsenz und Drohungen hatte Erfolg. Kanonen wurden rund um das Theater in Stellung gebracht. Daraufhin zogen die bewaffneten Räte ab und die Stadt unterstellte sich wieder der Kontrolle der Reichsregierung. Maerckers Freikorps sicherte nunmehr die in Weimar tagende Nationalversammlung und die Wahl Eberts zum Reichspräsidenten ab.

Im Herbst 1944 wurde das Theater geschlossen und zu einer Rüstungsfabrik der Firma Siemens umfunktioniert. Während der erbarmungslosen Luftangriffe auf Weimar im Februar 1945 legten amerikanische Spreng- und Brandbomben das Theater bis auf die Fassade in Schutt und Asche. Die Weimarer Bühne wurde aber bezeichnenderweise als erstes deutsches Theater nach dem Krieg wieder errichtet und 1948 mit *Faust I* neu eröffnet. Und zum 200. Geburtstag Goethes, am 28. August 1949, kam Thomas Mann (1875–1955) aus seinem Exil erstmals wieder nach Deutschland. Drei Tage hielt er sich auch in Weimar auf, nahm die Ehrenbürgerurkunde der Stadt und den Goethe-Nationalpreis entgegen und bedankte sich im wieder errichteten Deutschen Nationaltheater vor der dort aufgestellten Goethebüste mit einer großen Rede. In seiner Festansprache beschwor er Würde und Ehre der Menschheit und das von den Weimarer Klassikern entworfene Ideal der Humanität. So weit die Theatergeschichte.

Direkt vis-à-vis des Bühnenhauses befindet sich die alte Wagenremise, früher eine Unterstellmöglichkeit für die Kutschen der reichen Theaterbesucher, später Kunsthalle, bis 2019 beherbergte sie das Bauhaus-Museum. Es war seit 1995 provisorisch am Theaterplatz untergebracht. Anlässlich des 100-jährigen Bauhaus-Jubiläums eröffnete 2019 das neue Bauhaus-Museum am

Stéphane-Hessel-Platz. Hier werden nun die Exponate der weltweit ältesten Bauhaus-Sammlung präsentiert und geben einen Einblick in die Entwicklung des Staatlichen Bauhauses.

Doch damit genug vom Theaterplatz, wir gehen gegenüber des Denkmales durch den Durchgang nach rechts in den Innenhof des Wittumspalais.

DAS WITTUMSPALAIS

ANNA, LUISE UND EINE VERSCHWUNDENE TÜR

Das Wittumspalais wurde 1767 bis 1769 von Jakob Friedrich von Fritsch (1731–1814), Geheimrat und Minister in Weimar, auf dem Gelände eines ehemaligen Franziskanerklosters als Stadtpalais errichtet. Das Baugrundstück lag sehr repräsentativ an der sogenannten Esplanade, der heutigen Schillerstraße. Das Wort »Wittum« ist ein Synonym für Witwenschaft, war also

Wittumspalais

ein Altersruhesitz. Nach dem Weimarer Schlossbrand bewohnte keine Geringere als die Herzogin Anna Amalia (1739–1807) das Palais. Im Mai 1774 erwarb sie es für eine Kaufsumme von 20 100 Reichstalern.

Wir haben schon das ein oder andere Mal von ihr gehört, aber nun beschäftigen wir uns noch einmal genauer mit ihr. Anna Amalia wurde am 24. Oktober 1739 als fünftes von dreizehn Kindern des Herzogpaares Philippine (1716–1801) und Karl I. von Braunschweig-Wolfenbüttel (1713–1780) im Wolfenbütteler Schloss geboren. Die vielen Kinder waren schön verteilt, auf sieben Jungen und sechs Mädchen. Die Jungen bekamen eine umfassende Ausbildung, die Mädchen wurden schnell und so vorteilhaft wie möglich verheiratet. Anna Amalia erhielt zwar eine für Prinzessinnen des Hochadels standesgemäße Bildung, kam aber bereits mit 16 Jahren nach Weimar und wurde mit dem Herzog Ernst August II. Constantin von Sachsen-Weimar-Eisenach (1737–1758) vermählt. Gefragt hat man sie nicht. In Weimar erfüllte sie bereits ein Jahr später, noch vor ihrem 18. Geburtstag, mit der Geburt des Erbprinzen Carl August die wichtigste dynastische Erwartung. Ihr zweiter Sohn Friedrich Ferdinand Constantin kam jedoch erst nach dem frühen Tod ihres Mannes zur Welt. Und es war auch ihr Erstgeborener Carl August, der 18 Jahre später Goethe nach Weimar holte. Gut, dass sie nicht in ein anderes Herrschaftsgebiet vermählt wurde, es hätte keinen Carl August und auch keinen Goethe in Weimar gegeben und unser kleines Städtchen wäre ein unbekanntes Nest geblieben.

Anna Amalia war bodenständig, lebte manchmal wie ein halber Student. Einmal fuhr sie auf einem Heuwagen mit acht Personen von Tiefurt bei Weimar nach Tennstedt, als es zu einem Gewitter mit einem heftigen Regenguss kam. Die Herzogin, die wie die anderen Damen in ganz leichtem Kleide war, zog ohne Anstand Wielands Oberrock an und kuschelte sich zu den anderen.

Für die kulturelle Entwicklung Weimars war Anna Amalia unabdingbar, so war sie unter anderem Begründerin des Weimarer Musenhofes und bei ihren Tafelrunden waren die Geistesgrößen ihrer Zeit anwesend: Goethe, Herder, Wieland, später auch Schiller und viele Gäste. Sie führten Gespräche, malten, musizierten und spielten Theater. Anna Amalia machte das Wittumspalais hierdurch zu einem deutschen Pendant der Debattierklubs der großen französischen und englischen Salongesellschaften. Zum Gelingen der Tafelrunden trug ihr Mundkoch François René Le Goullon (1757–1839) entscheidend bei. Seine Kochkünste förderten die Geselligkeit, den Geschmack und die geistige Inspiration.

Zur Berühmtheit des Hauses wurde aber eine andere Dame. Von ihr hätte wohl niemand gedacht, dass sie Weltruhm erlangen könnte: Anna Amalias Hofdame Luise von Göchhausen (1752–1807). Sie war »nichts weniger als hübsch«, nur etwa 1,50 Meter groß, hatte einen Buckel und deshalb keine Chancen, eine standesgemäße Verbindung einzugehen. Die Herzogin schätzte sie aber sehr wegen ihres Humors, ihrer Klugheit und ihrer Schlagfertigkeit. Sie konnte aber auch mitunter sehr boshaft sein. Goethe nannte sie manchmal seine »Gnomide«, womit ein weiblicher Gnom gemeint war. Er und der Herzog spielten ihr so manches Mal derbe Streiche. Einmal mauerten sie die Tür zu ihrem Schlafgemach zu, tapezierten die Stelle und überstrichen sie. Es war schon spät in der Nacht, als Luise nach Hause kam. Sie fand, wie gewöhnlich, unten ein brennendes Licht und eilte zu ihrem Zimmer. Oben auf der Treppe erlosch durch einen Zugwind die Kerze. Zu stolz hinunterzugehen, beschloss sie, im Dunkeln nach ihrem Zimmer zu suchen. Vor der Stelle angelangt, wo die Tür zu ihrem Zimmer eigentlich hätte sein müssen, suchte Luise nun, mit den Händen an den Wänden herumtastend, vergebens den Eingang zu ihrem Zimmer. Schreien und Lärmen half nichts. Es kam niemand. Mehrere Stunden brachte sie zu, die Tür zu suchen und nichts von dem Streich ahnend, verlor sie darüber fast den Verstand. Die verzweifelnde Hofdame musste sich endlich entschließen, im vollen Putz auf einem Sessel den Anbruch des Morgens zu erwarten. Ihr Kommentar dazu: »Ich glaube, ich bin vorzeitig vergreist.« Sie war aber nicht nachtragend.

Berühmt wurde Luise aber als Retterin des *Urfaust*. Dieser ist Goethes erster Entwurf seiner Faust-Tragödie. Er entstand in den Jahren zwischen 1772 und 1775 in Frankfurt. Goethes genauer Arbeitsprozess am *Urfaust* ist nicht mehr zu rekonstruieren. Es existiert nur eine einzige Abschrift, eben die von Luise von Göchhausen. Wahrscheinlich ließ Goethe die Hofdame sein Drama in Reinschrift fassen, sie war für ihre gute Schreibweise und Rechtschreibung bekannt. Das Werk enthält in der heute noch enthaltenen Version einige der Szenen, die dann später von Goethe in den *Faust I* und *Faust II* eingearbeitet wurden. Der größte Unterschied zwischen den Faust-Versionen liegt in der Sprache, so verwendete Goethe in den Reinschriften fast ausschließlich Verse, während der *Urfaust* noch ganz und gar in Prosaform geschrieben ist. Erst 1887 wurde diese erste Fassung im

Nachlass von Luise von Göchhausen gefunden. Deshalb gibt es heute drei Versionen des *Faust*. Dank ihr.

Wie stark die Verbindung zwischen der Herzogin und ihrer Hofdame über jeden Zwist hinweg war, zeigte der Tod der Fürstin am 10. April 1807: Luise von Göchhausen erkrankte schwer. Carl Ludwig Fernow (1763–1808), Kunsttheoretiker, Romanist und Bibliothekar in Weimar, äußerte sich folgendermaßen dazu:

»Eigentlich war sie schon seit dem 10. April tot, sie war nur noch nicht gestorben. Amaliens Tod war auch der ihre … Sie kam mir vor, wie ein Vogel, den man zeitlebens in einem Bauer gefüttert hat und dann spät im Alter wieder in die freie Natur aussetzt, wo er, ungewohnt, Futter und Nest selbst zu suchen, in der rauhen Witterung verschmachtet.«

Am 7. September 1807 folgte sie ihrer Fürstin. Luise wurde auf dem Jakobsfriedhof im Kassengewölbe, in dem auch Friedrich Schiller seine vermeintlich letzte Ruhestätte fand, beigesetzt.

Doch dorthin kommen wir noch.

Wir verlassen den Hof des Wittumspalais durch die Toreinfahrt und begeben uns Richtung Stadtkirche. Nach dem Torbogen sehen wir linker Hand unser ehemaliges Franziskanerkloster, jedenfalls die Reste davon, denn auch dieses blieb von den Zerstörungen im Zweiten Weltkrieg nicht verschont. Hier nächtigte auch Martin Luther mehrere Male. Heute sind dort Teile der »Hochschule für Musik Franz Liszt« untergebracht. Nachdem wir links und gleich wieder rechts in die Rittergasse eingebogen sind, sehen wir einen kleinen Platz mit Brunnen.

Hier befindet sich der »Donndorfbrunnen«, der im Jahre 1895 eingeweiht wurde. Die bronzene Plastik wurde von dem Bildhauer Adolf von Donndorf (1835–1916) für seine Geburtsstadt Weimar angefertigt. Die überlebensgroße Figurengruppe zeigt eine Wasser holende Mutter mit ihren zwei Kindern. Wahrscheinlich handelt es sich hier um die Mutter des Bildhauers, mit ihm selbst an der Hand und einer seiner Schwestern auf dem Arm. Die zwei bronzenen Löwenköpfe an den flankierenden Seiten des Pfeilers fungieren als Wasserspeier, die ihr Wasser aus den Quellen des Rabenwäldchens beziehen und deren Strahl sich in ein jeweils darunterliegendes halbrundes Becken ergießt. Diese Bronzegruppe ist eine Nachbildung des »James Fountain« am Union Square in New York City, den Adolf von Donndorf bereits 1881 geschaffen hatte. Und es gibt noch zwei weitere Replikate, eins in Stuttgart, dort »Paulinenbrunnen« genannt – dies ist eine wirkliche Nachbildung, da das Original 1917 für die Rüstungsindustrie eingeschmolzen wurde – und eins in Zwittau (Svitavy), Tschechien.

Wir folgen nun der Rittergasse etwas weiter und erreichen nach wenigen Metern den Herderplatz und unsere Stadtkirche.

HERDERPLATZ UND STADTKIRCHE ST. PETER UND PAUL

CRANACH, HERDER, DER HANFRIED UND VIELE SKELETTE

Zuerst einmal wollen wir festhalten, dass der Herderplatz früher einmal ganz anders hieß, nämlich »Töpfermarkt«. Zu dieser Zeit war er der eigentliche, mittelalterliche Marktplatz. Der heutige Markt war ein Ritterturnierplatz. Rund um die Kirche befand sich ein Kirchhof, da die Gläubigen, um Gott näher zu sein, direkt am Gotteshaus begraben wurden. 1530 wurde dieser Totenacker dann eingeebnet, die Verstorbenen blieben aber unter dem neuen Pflaster liegen. Jahrhundertelang ruhten sie dort in scheinbarem Frieden – leider nicht für immer. Denn viele Jahre später befand sich ein Parkplatz auf dem ehemaligen Gottesacker, das muss man sich einmal vorstellen.

Von September 2012 bis März 2014 sollte der Platz dann saniert und umgestaltet werden. Vor Beginn der Sanierungsarbeiten fanden allerdings archäologische Untersuchungen im südlichen Platzbereich statt. Man wollte überprüfen, ob unter dem Pflaster immer noch Reste

dieses alten Friedhofs zu bergen waren. Die Historie erwies sich als wahr. Auf dem Kirchplatz fand man Grabanlagen, Reste mittelalterlicher Bebauungen und etwa 200 sehr gut erhaltene Skelette. Bestattungen hatten hier wohl bereits ab dem 10. Jahrhundert stattgefunden. Das Besondere an ihnen war, dass die menschlichen Überreste nicht mit den Schädeln nach Osten ausgerichtet waren, wie es bei christlichen Begräbnisritualen üblich war, sondern nach Westen. Unter vielen Köpfen fand man aber einen Stein, wahrscheinlich um den Schädel zu erhöhen. Sie sollten wohl über ihren eigenen toten Körper hinweg Richtung Osten blicken, in Richtung aufgehender Sonne und Jerusalem. Ein wahrer Glücksfund, denn es handelt sich hierbei um ein Phänomen, welches bisher nur sehr selten dokumentiert worden ist. Nach der wissenschaftlichen Auswertung wurden die Überreste der Verstorbenen auf dem Hauptfriedhof in einem Massengrab beigesetzt. Gefunden wurden auch Teile der ehemaligen Friedhofsmauer und die Fundamente eines Eingangstores. Außerdem fanden die Archäologen hinter der Kirche eine etwa 40 Quadratmeter große und mehrere Meter tiefe Grube voller Gebeine. Diese Menschen starben wohl bei einer Pestwelle, welche im frühen Mittelalter in Weimar wütete. Insgesamt lagen wohl allein in dieser Grube tausende sterbliche Überreste. Und diese liegen noch immer dort. Die Grabungsstelle auf dem Herderplatz hatte allerdings nur einen Metallgitterzaun zur Sicherung. Sie wurde nachts zwar abgeschlossen, eine Bewachung gab es aber nicht.
Das sollte sich rächen.

Aus dem Polizeibericht vom 9. März 2013 geht hervor: »In der Zeit vom 7. März, 16.30 Uhr, bis 8. März, 7.30 Uhr, wurden in Weimar aus der Grabungsstätte auf dem Herderplatz von vier Skeletten, zwei Schädel und acht Langknochen (Ober- und Unterschenkelknochen) entwendet. Das Alter der entwendeten Skelettteile wird auf ca. 600 Jahre geschätzt. Bei den Teilen handelt es sich um Fundstücke, die bereits freigelegt wurden. Ermittlungen wurden durch die Kriminalpolizei Weimar aufgenommen.« Auf Deutsch: Ein paar Knochendiebe trieben ihr Unwesen. Gefasst hat man sie aber nie.

Am 14. April 2014 wurde der Herderplatz offiziell wiedereröffnet. Nicht einmal zwei Jahre hat die Umgestaltung also gedauert, die in Weimar, vor allem wegen einiger Baumfällungen nicht unumstritten war. Die Bauarbeiten auf dem Herderplatz sollten ursprünglich bereits im Oktober 2013 komplett beendet sein. Wegen Lieferschwierigkeiten für das Kalksteinpflaster konnte dieser Termin aber nicht eingehalten werden.

Herderplatz

Das dominierende Gebäude auf dem Platz ist natürlich die Stadtkirche St. Peter und Paul, das bedeutendste Kirchengebäude der Stadt Weimar. Eine erste Kirche wurde an dieser Stelle bereits zwischen 1245 und 1249 gebaut, aber 1299 durch einen Brand zerstört. Wahrscheinlich handelte es sich um ein romanisches Gotteshaus des Deutschritterordens, welches nur halb so groß wie das jetzige war. Von ihr sind nur die Fundamente übrig geblieben. Der zweite Bau wurde beim Stadtbrand 1424 schwer betroffen. Das heutige Gebäude geht auf die dreischiffige Hallenkirche im spätgotischen Stil zurück, die im Jahre 1500 eingeweiht wurde. Später wurde sie noch im barocken Stil umgebaut. Der Chor im Ostteil diente später auch als Grabstätte der ernestinischen Linie der Wettiner.

Ihren Beinamen »Herderkirche« trägt sie nach dem berühmten Theologen und Philosophen Johann Gottfried Herder (1744–1803), der von 1776 bis zu seinem Tode in der Stadtkirche als Generalsuperintendent wirkte. Herder stammte aus Mohrungen in Ostpreußen, war also Balte. Er wurde durch Goethes Vermittlung im Frühjahr 1776 als Oberpfarrer und erster Prediger an die Stadtkirche zu Weimar berufen. Uneinig waren sich die beiden über die Französische Revolution von 1789, die Herder begrüßte, Goethe aber ablehnte. Außerdem nahm Goethe Herder seine Kritik am *Urfaust* und am *Urgötz* übel. Die Begeisterung, mit der Herder nach Weimar gekommen war, legte sich rasch. Seine ausgeprägte Übellaunigkeit wurde durch ein Leber- und Gallenleiden, durch seine Augenfisteln und durch Schwellkörper im Enddarm noch vermehrt. Im Herzogtum erlangte er darüber hinaus auch nicht die Bedeutung, die er sich erhofft hatte. Denn Goethe duldete keinerlei Einmischung in seine Kompetenzen, den Herzog interessierten religiöse Fragen nur wenig und die Amtsführung des Herrschers war Herder zu absolutistisch. Das Verhältnis zu Goethe blieb kühl. Er misstraute dem Superminister und beurteilte ihn als Fürstenknecht, wie es schon Goethes Vater tat. Die Beziehung erholte sich nicht mehr. Herder starb am 18. Dezember 1803 und liegt, gegenüber dem Haupteingang der Kirche, unter dem Kirchenboden begraben. Der Platz vor dem Gotteshaus wurde nach der Errichtung des Herderdenkmals zu seinem 106. Geburtstag im Jahre 1850 nach ihm benannt.

Folgen Sie mir nun bitte ins Innere der Kirche: Die Grabstätte Herders befindet sich direkt gegenüber dem Eingang. Hier liegt er seit 1819 unter einer von der »Berliner Preußischen Eisengießerei« produzierten Grabplatte, welche eine Schlange schmückt, die sich in den Schwanz beißt, ein sogenannter Ouroboros. Es ist ein antik-mystisch-gnostisches Symbol der Ewigkeit. In der Mitte der Schlange sind die Zeichen Alpha und Omega zu sehen, nach der Offenbarung des Johannes, Herders Lieblingswerk der Bibel: »Ich bin das A und das O, der Erste und der Letzte, der Anfang und das Ziel« (Johannes 22,13). Die Innenseite der Schlange ziert der Wahlspruch Herders, der sich auch auf seinem Siegel befand: »Licht – Liebe – Leben« (Johannes 8,12; Erster Johannesbrief 2,10; 4,16).

Blicken wir zum Altar, sehen wir auf der rechten Seite die barocke Kanzel und links, an der ersten Empore, die Fürstenloge. Beide sind mit ausladendem Beiwerk geschmückt, an der Loge sind sogar die Wappen der herzoglichen Familie zu erkennen. Und hier können wir auch einen Blick auf die Dreiteilung der damaligen

Weltordnung werfen: Adel, Klerus und einfache Bürger. Oben saß der Fürst, der auf die Untergebenen und den Prediger auf seiner Kanzel hinabblickte, der Letztere stand wiederum höher als der Pöbel, der sich damals zumeist noch mit Stehplätzen begnügen musste.

Der Glanzpunkt der Kirche ist aber unzweifelhaft der Cranach-Altar, welcher im östlichen Kirchenschiff zu bestaunen ist. Der Altar wurde, wie wir schon wissen, wohl vom älteren Cranach 1552 entworfen und vom jüngeren und den Gehilfen ausgeführt, drei Jahre später vollendet und 1557 aufgestellt.

Im Zentrum des Altars steht die Kreuzigung Christi. Cranach veranschaulicht hier Luthers theologische Kerngedanken: die Rechtfertigung des sündhaften Menschen durch Glauben an Kreuz und Auferstehung. Diese Rechtfertigungslehre fragt danach, was geschehen muss, damit das Verhältnis zwischen Mensch und Gott, welches durch die Sünden des Menschen belastet worden ist, wieder in Ordnung kommen kann. Bekannte Bibelgeschichten dienen zur Illustration dieses Gedanken, so die Geschichte von Jesu Leiden und Auferstehung, sein Kampf gegen Tod und Teufel, die Zehn Gebote, die Wanderung der Israeliten durch die Wüste. In der Mitte erhebt sich mächtig das Kreuz mit dem Gemarterten, ihm zur Seite stehen, in einer Dreiergruppe rechts, Johannes der Täufer, Vater Cranach und Martin Luther. Der Blutstrahl aus der Seitenwunde Jesu trifft Cranach, der als Sinnbild für einen einfachen Menschen gesehen wird. Erlösung findet er durch seinen Glauben an Jesus Christus. Luther weist mit der rechten Hand auf den geöffneten Bibeltext, in dem schriftlich fixiert ist: »Das Blut Jesu Christi reinigt uns von allen Sünden« (1 Johannes 1,7). Diese Szene verdeutlicht das reformatorische Programm Luthers: Nur allein der Glaube führt ins Himmelreich, nicht die guten Taten. Heilige, wie sie auf älteren Gemälden Cranachs zu sehen waren, fehlen ganz, sie waren in der nachkatholischen Epoche nicht mehr vorgesehen. Links vom Kreuz ist der wiederauferstandene Jesus zu erkennen, im roten Gewand, als Kämpfer gegen Tod und Teufel. Diese winden sich unter seinen Füßen, dargestellt durch Skelett und Untier.

Auf den Seitenflügeln sind der Herzog Johann Friedrich (1503–1554), genannt der »Großmütige«, da er die Reformation besonders finanziell unterstützte, seine Gemahlin Sibylle von Cleve (1512–1554) und ihre drei Söhne abgebildet. Johann und Sybille starben beide 1554, im Abstand von nur zehn Tagen und liegen in der Doppeltumba, vorn im Altarbereich, begraben. Vereint für die Ewigkeit.

Doch auch auf dem Marktplatz in Jena ist der Fürst mit einer Bronzefigur, dem sogenannten Hanfried, verewigt, er stiftete die heute noch bestehende Universität. Der Kosename »Hanfried« geht auf einen Studentenscherz zurück, er entstand aus den Vornamen des Kurfürsten JoHAN FRIEDrich. Seit 1993 nennt sich auch ein Jenaer American-Football-Verein, die »Jenaer Hanfrieds«, in Anlehnung an den Namen des Kurfürsten. So kann man also auch berühmt werden.

Doch zurück zum Altargemälde. Auch die Rückseiten der klappbaren Seitenflügel sind mit christlichen Bildmotiven bemalt, man sieht hier die Taufe und die Himmelfahrt Christi. Doch nur einmal im Jahr, in der Karwoche, können wir die Rückseite bewundern, denn nur in diesem Zeitraum wird der Altar für sieben Tage geschlossen.

Bei den Luftangriffen auf Weimar gegen Ende des Zweiten Weltkrieges wurde die Kirche am 9. Februar 1945 durch Bomben stark beschädigt. Das 19 Meter hohe Steildach und das Holzgewölbe wurden weitestgehend zerstört, die verbliebenen steinernen Gewölbe in den Ostteilen stürzten ein. Das gesamte Innere der Kirche wurde stark in Mitleidenschaft gezogen. 1945 erfolgte die Beräumung der Trümmer, von 1948 bis 1953 erfolgte dann der Wiederaufbau: die statisch-konstruktive Sicherung der Außenwände, das Aufrichten des Daches und Dachreiters, die Instandsetzung des Westturms, die Wiederherstellung des Chorbogens. Die Kirche konnte am 14. Juni 1953 wiedergeweiht werden. Die Instandsetzung und Restaurierung der Ausstattung fand bis 1977 statt.

Gebaut wird aber auch heute noch.

Wir verlassen die Kirche wieder und wenden uns nach links. Auf der östlichen Seite des Platzes erblicken wir das »Deutschritterhaus«, wohl eine ehemalige Komturei des Deutschritterordens. Hier befindet sich heute das Restaurant »Jagemann«. Die am Theater schon erwähnte Karoline Jagemann von Heygendorff lebte hier. Sie wurde später zur halboffiziellen Nebengattin des Herzogs, mit Duldung seiner Frau Luise. Die drei Söhne, die sie ihm gebar, steckte Carl August aber nicht unter die Förster und Jäger, sondern sie wurden in den Weimarer Adel aufgenommen. Die Schauspielerin Karoline war auf ihre Stellung als Mätresse so stolz, dass sie in der Öffentlichkeit demonstrativ einen wertvollen Halsschmuck trug, den ihr der Herzog geschenkt hatte. Sie fühlte sich bald so sicher, dass sie ihren fürstlichen Liebhaber ungeniert am Fenster erwartete und ihm, wie man sich noch lange in Weimar erzählte, mit dröhnender Bühnenstimme entgegenrief: »August, kommste endlich?« Carl August schenkte ihr ein Rittergut und erhob sie sogar in den Adelsstand – doch so ganz zufrieden war Karoline wohl auch damit noch nicht. Denn die Gasse rechts neben ihrem Haus hieß seit alters her »Mistgasse«. Wer wollte dort schon wohnen? Sie veranlasste ihren Geliebten hier Abhilfe zu schaffen. Der Weg wurde in »Mostgasse« umbenannt und so heißt er noch immer.

Wir schauen noch kurz in den Schatten des Ostgiebels der Kirche zum Herderbrunnen, der 1831 errichtet wurde. Gleich dahinter befindet sich das alte Wilhelm-Ernst-Gymnasium. Es wurde 1712 von dem gleichnamigen Herzog gegründet und ist das älteste Schulgebäude der Stadt. Nachdem wir dieses Barockensemble bestaunt haben, begeben wir uns nun in Richtung des Jakobsfriedhofs, dem letzten Highlight unseres Rundgangs. Dort werden wir uns, nebst anderen Geschichten, noch einmal mit Schiller befassen.

Das hatte ich Ihnen versprochen.

Nicht aber, ohne noch am »Sächsischen Hof« vorüberzuschreiten, es ist die weiße Gaststätte an der Westseite des Platzes, zwischen Rittergasse und Eisfeld. Früher hieß das spitzgiebelige Haus »Schwarzburger Hof«, weil das Gebäude den Grafen von Schwarzburg gehörte, die hier ein- und ausgingen. Es wurde vom herzoglichen Mundkoch François le Goullon (1757–1839) als Gasthaus eröffnet. Nun lautete sein Name »Hotel de Saxe«, aber nur wenige Jahrzehnte. Denn 1870/71 tobte der deutsch-französische Krieg, Patriotismus war gefragt und aus dem »Hotel de Saxe« wurde der »Sächsische Hof«. 1945 wurde das Gasthaus bei einem Bombenangriff ebenfalls zerstört, bald danach aber wieder rekonstruiert. Der berühmteste Gast, der am Eisfeld 12 einkehrte, war Johann Wolfgang Goethe. Der schriftstellernde Jurist aus Frankfurt, der damals schon durch den *Götz von Berlichingen* und *Die Leiden des jungen Werther* bekannt war, fand hier am 7. November 1775 seine erste Unterkunft im Dachgeschoss, als er auf Einladung des Herzogs in Weimar einzog. Bis zum 18. März (nach anderen Quellen der 16. März 1776) wohnte er hier beim Kammerpräsidenten von Kalb, vermutlich unentgeltlich.

Wir spazieren, rechts neben dem »Sächsischen Hof«, in die Straße »Eisfeld«, die in die »Geleitstraße« mündet. Wir nehmen die dritte Querstraße rechts, die »Karlstraße«, nach dem Herzog benannt, und begeben uns zu unserer letzten Sehenswürdigkeit, zum Jakobsfriedhof. Am Ende der »Karlstraße« überqueren wir die ehemalige Stadtmauer, eine breite Straße, die heute noch »Graben« heißt, und kommen geradeaus auf einen kleinen Platz, den »Rollplatz«. Der nennt sich aber nicht so, weil dort früher die Betrunkenen rumgerollt sind. Er wurde nach den Wäscherinnen benannt, die hier ansässig waren. Diese drehten die nasse Wäsche durch Rollen, um sie trockener zu bekommen. Wir betreten nun den Friedhof durch das westliche Tor.

JAKOBSKIRCHE UND JAKOBSFRIEDHOF

EIN SCHNELLER MALER UND EIN VERSCHWUNDENER SCHÄDEL

Das Gelände, auf dem heute der Jakobsfriedhof liegt, ist wohl das älteste Siedlungsgebiet der Stadt. Es lag auf einem Hügel und war von Sümpfen und Wasserläufen umgeben, ließ sich also gut verteidigen. Möglicherweise wurde es bereits in der Jungsteinzeit besiedelt. Eine kleine Kirche mit Friedhof wurde erstmals im Jahre 1168 urkundlich erwähnt, sie bot Pilgern auf dem Jakobsweg Schutz. Man weiß leider nur wenig über sie, außer dass sie später auch als Kornhaus, also als Getreidespeicher genutzt wurde. Die Häuser, die wir heute rund um den Friedhof sehen, gab es damals noch nicht und somit auch keine Wäscherinnen. Der Totenacker war mit einer Mauer umgeben, an welcher sich ehedem etwa achtzig Erbbegräbnisse befanden, also nur einer Familie dienten. 1712/13 erfolgte der Abriss der alten baufälligen Kapelle und Herzog Wilhelm Ernst veranlasste einen Neubau. 1728 wurde die Jakobskirche auch Garnisons- und Hofkirche. Garnisonskirche hieß sie, weil hier auch die Weimarer Soldaten den Gottesdienst besuchen mussten. Wilhelm Ernst war geprägt von einem strengen

Luthertum und einer bigotten Frömmigkeit. An seinem Hof war im Winter um acht, im Sommer um neun Uhr Bettruhe verordnet, seine Soldaten kommandierte er in den Gottesdienst ab und ließ sich danach von ihnen den Inhalt der Predigt nacherzählen. Und wehe, die Soldaten hatten nicht aufgepasst und geschlafen! Dann hagelte es Strafen! Und wir erinnern uns, dass er oft hart durchgriff: Er ließ auch Johann Sebastian Bach ins Gefängnis werfen.

Nachdem der »Neue Friedhof vor dem Frauentore« angelegt worden war, verfiel die Gräberanlage ab 1818 langsam. Das ist der Grund, weshalb auf diesem Totenacker heute kaum noch Grabmale zu sehen sind, sie versanken mit der Zeit in der Erde. Aber ein paar berühmte Gräber und Erbbegräbnisse möchte ich Ihnen doch noch vorstellen.

Besuchen wir aber zuerst das Kirchengebäude. Die Innenausstattung ist zumindest gewöhnungsbedürftig, drei schmale, umlaufende Emporen liegen übereinander, alles ist sehr eng gehalten, im klassizistischen Stil. Bei der letzten Renovierung 1817 erhielt die Kirche einen Kanzelaltar, über dem eine segnende Christusfigur auf die Gläubigen herabblickt. Sie ist gestaltet nach einer Plastik von Bertel Thorvaldsen (1770–1844), im Original aus der Kopenhagener Frauenkirche, und stammt von einem seiner Schüler. Der Christus verweist hier, man sieht es an der Kleidung sowie seiner Gestik, auf römische Vorbilder. Die heutige kleine Orgel rechts wurde 1977 von dem Orgelbauer Gerhard Böhm erbaut.

Nun begeben wir uns auf die Ostseite des Kirchenschiffes, dort ist im Boden eine Plexiglasscheibe eingelassen. Über einen Schalter am Pfeiler können Sie den Un-

Jakobskirche

tergrund erleuchten. Hier sehen Sie den Sarkophag von Hans Melchior Marschalch (1602–1628). Er entstammt einer alten Thüringer Adelsfamilie, diente in der dänischen Armee und starb im Alter von nur 26 Jahren bei Kampfhandlungen im Dreißigjährigen Krieg, er wurde am 14. Juni 1628 zwischen Erfurt und Weimar erschossen. Nach seinem Tod ließen seine Eltern jene aufwendige Grabplatte anfertigen. Diese wurde 2007 – fast 400 Jahre nach seinem Tod – bei Renovierungsarbeiten zufällig entdeckt, als der Holzboden ausgewechselt wurde. Hier liegt Hans Melchior noch immer unter den neuen Dielen der Kirche begraben. Auszug aus der Leichenpredigt: »Welcher den 14. Iunii des abgelauffenen 1628. Jahres in einem ... Aufflauff der Crabaten zwischen Weimar und Erfurth/ neben noch andern zweyen Fürstl. Sächs. Dienern in jämmerlicher unnd unbilliger Weise niedergeschossen«. Seine Beerdigung in der Jakobskirche fand am 20. Juni 1628 statt. Die Grabplatte ist von besonderer Bedeutung, da sie nicht nur von hoher künstlerischer Qualität ist, sondern auch noch sehr gut erhalten blieb. Den Steinsarg ziert ein Ritter in Rüstung mit Schwert, zu seinen Füßen ein Helm mit Federn. Umgeben ist die Figur mit einem Schriftband, welches auch die Todesursache nennt und das Ahnenwappen zeigt.

Und nun müssen wir unbedingt noch den Turm besteigen, auf vielen engen und verwinkelten Treppen geht es aufwärts, genau 114 Stufen bis zur Türmerwohnung. Und falls unten abgesperrt sein sollte – gehen Sie einfach über die Straße und klingeln Sie im Gemeindehaus, bei der Nummer Neun, oder fragen Sie den Küster – es wird ihnen bestimmt aufgetan. Vielleicht sollten Sie einen kleinen Obolus nicht vergessen. Der Aufstieg lohnt sich, denn es handelt sich um den einzigen Kirchturm Weimars, den man einfach so besuchen kann! Oben angekommen, eröffnet sich Ihnen ein herrlicher Ausblick in alle vier Himmelsrichtungen! Wir passieren den historischen Holzglockenstuhl mit seinen drei Glocken, die größte wiegt etwa 500 Kilogramm bei einem Durchmesser von 1004 Millimetern. Hier oben befindet sich auch die ehemalige Türmerstube. Der letzte Türmer arbeitete bis

1954 in der Jakobskirche. Er musste Brandwache halten, die Glocken läuten, die Kirche heizen und durfte seinen Arbeitsplatz deshalb kaum verlassen. Er lebte hier mit seiner Frau und seinen elf (!) Kindern, es muss sehr eng gewesen sein. Lebensmittel zog man mittels eines Korbes nach oben und auf dem geschlossenen Friedhof baute er über den Gräbern Getreide, Kartoffeln und Rüben an. Er besaß aber auch noch eine Ziege, die ebenfalls in der Wohnung lebte. Muss gut gerochen haben in den Stuben. Und da eine Ziege keine Treppen heruntersteigen kann, wurde sie morgens in einem Sack mittels Seil auf den Kirchhof hinuntergelassen, abends lief sie alleine die Treppen wieder empor.

Wir verlassen die Kirche nun wieder und gehen durch das Hauptportal nach links um die Ecke zur Malergruft. Dort sehen wir, hinter einer Efeufläche, eine aufrecht stehende Grabplatte mit einem dicken, vornehmen Mann. Hier ruht kein Geringerer als Lucas Cranach der Ältere. Es ist die älteste noch erhaltene Grabstätte des Friedhofs. Die Tafel zeigt Cranach reliefartig im kurzen Kleide, das Barett in den Händen haltend, am Fußende die geflügelte Schlange, das Cranach'sche Wappen. Er soll hier in seiner natürlichen Größe dargestellt sein, in Ratsherrentracht und mit Ratsherrenbart. Ein kleiner Mann, jedenfalls wenn es um seine Körpergröße geht. Zusammen mit ihm ruhen noch die Gebeine von 34 weiteren Bürgern, die entweder auch dem Malerberuf frönten oder sich wenigstens für Maler hielten. Die Grabplatte Cranachs, die ursprünglich auf dem Grab lag, wurde später vom Boden aufgerichtet und in die Kirchenmauer eingelassen. Ihr Schöpfer war der Bildhauer und Baumeister Nikolaus Gromann (um 1500–1566) aus

Torgau. Besonders spannend an der Grabplatte ist aber der umlaufende Fries, auf dem in lateinischer Schrift, halb verwittert und kaum zu lesen, Folgendes steht:

In Latein: »*Ano Chri. 1553 Octob. 16*
pie obiit Lucas Cranach, I pictor
celerrimus et Consul Witeberg. qui ob virtutt. trib.
Saxonie Duc. fuit carissimus. Aetatis sue 81.«

Zu Deutsch: »*Im Jahre 1553 am 16. Oktober verschied fromm Lucas Cranach I., der schnellste Maler und Bürgermeister von Wittenberg, der durch seine Tugend drei sächsischen Kurfürsten und Herzögen teuer war, im Alter von 81 Jahren.*«

Über das »pictor celerrimus« wird er hier also als »schneller Maler« geehrt. Nun ist ziemlich gewiss, Cranach hat viel und schnell gearbeitet. Aber mit ziemlicher Sicherheit ist das Ganze trotzdem nur ein Fehler. Es ist sehr wahrscheinlich, dass der Steinmetz, dessen Namen wir nicht kennen, der aber die Buchstaben nach Vorlage in den Stein meißelte, des Lateinischen einfach nicht mächtig war. Er hat offenkundig zwei Buchstaben vergessen, und er schrieb »pictor celerrimus«, also »schneller Maler«. Es müsste aber »celeberrimus« heißen. »Pictor celeberrimus«, also »berühmter« oder »gefeierter« Maler. Was viel wahrscheinlicher ist. Dieser Fehler ist wohl dafür verantwortlich, dass man Cranach auch heute noch als den »schnellen Maler« tituliert.

Im Jahr 2003, zum 450. Todestag des großen Meisters, ließ die Stadt Weimar auf dem Grab die bronzene Gedenkplatte anbringen, die Sie links sehen können. Lucas Cranach hatte fünf Kinder, die Söhne Hans und

Lucas und die Töchter Ursula, Barbara und Anna. Vor allem Hans hatte die künstlerische Begabung seines Vaters geerbt und er lobte ihn mit den Worten: «Wenn Hans groß ist, redet vom Maler Lucas Cranach keiner mehr.« Leider starb der so hoffnungsvolle Sohn 1537 während einer Italienreise in Bologna an Typhus. Der Vater war untröstlich und änderte sein Wappen, die Flügel der Schlange hingen von nun an nach unten.

Gegenüber dem Cranach-Grab sehen wir einen 1807 von Herzog Carl August errichteten Gedenkstein in Form eines Obelisken. Es ist das Grabmal des 1806 tödlich verwundeten preußischen Generals Friedrich Wilhelm Carl Graf von Schmettau (1743–1806). Im September 1806 zog Schmettau unter dem Oberbefehl des Herzogs von Braunschweig in den Krieg gegen Napoleon. Er befehligte eine der sechs preußischen Divisionen in der Bataille bei Jena und Auerstedt. In der Schlacht wurde er beim Dorf Hassenhausen gleich zu Beginn von einer Kugel verwundet, später noch von einer zweiten. Er flüchtete zunächst nach Weimar, in das Haus von Goethes Freundin Charlotte von Stein, die ihn mit ihrer Schwester, der Fürstin Galitzin, fürsorglich behandelte. Frau von Stein versteckte seine blutverschmierte Uniform aus Angst vor den plündernden Franzosen und versorgte ihn mit Unterkleidern ihres verstorbenen Mannes. Ihr eigener Flanellbademantel umhüllte den Schwerverwundeten. Schmettau bekam allerdings hohes Wundfieber. Im Wahn flüchtete er durch das Fenster des Stein'schen Hauses ins naheliegende Weimarer Stadtschloss. Dort verstarb er am 19. Oktober 1806 früh um fünf Uhr und wurde auf dem Friedhof der Jakobskirche beigesetzt. Unter der Säule liegt er begraben.

Direkt neben Schmettau befindet sich eines der berühmtesten Gräber Weimars. Hier liegt Goethes Frau Christiane unter Efeu begraben. Wir haben schon viel von ihr gehört. Sie gebar Goethe insgesamt fünf Kinder, von denen nur der älteste Sohn, Julius August Walther, überlebte. Vier weitere Kinder waren nicht lebensfähig: am 14.10.1791 ein leider totgeborener Sohn ohne Namen; 1793 Caroline, sie lebte 10 Tage; am 01.11.1795 Carl, der 17 Tage überlebte; und 1802 Catharina, sie hatte nur drei Tage zu leben. Dieses frühe Sterben aller war wohl durch eine Unverträglichkeit der Blutgruppen bedingt. Man nimmt an, dass über den Rhesusfaktor bei allen Nachgeborenen eine Erythroblastose ausgelöst wurde, eine tödliche Krankheit, die man heute durch einen rechtzeitigen Blutaustausch abwenden kann. Damals leider noch nicht. Alle Kinder wurden ebenfalls auf dem Jakobsfriedhof begraben. Die Grabstätten der Kinder von Wolfgang und Christiane sind heute aber leider verschollen, sie liegen wohl ungekennzeichnet unter einem Balkon des Jakobsgemeindehauses. Das haben sie nicht verdient!

Christiane starb, nach schmerzhaftem Todeskampf, am 6. Juni 1816. An ihrer Beerdigung nahm Goethe nicht teil, was ihm – wie wir bereits erfahren haben – von vielen als Lieblosigkeit ausgelegt wurde. Am Todestag schrieb er in sein Tagebuch: »Nahes Ende meiner Frau. Letzter fürchterlicher Kampf ihrer Natur. Sie verschied gegen Mittag. Leere und Totenstille in und außer mir.« Auch in Briefen, die er an Freunde schrieb, brachte er seine Trauer zum Ausdruck. Goethes Entscheidung wird vielleicht verständlicher, wenn wir uns die Umstände von Christianes Beerdigung verdeutlichen. Aufgrund einer Anordnung von Herzogin Anna Amalia wurden Verstorbene »von Stand« in Weimar während der Nacht zum Friedhof überführt und bestattet. Damit wollte sie eine möglichst große Diskretion erreichen. Entsprechend wurde auch mit Christiane verfahren, deren Beerdigung um vier Uhr in der Frühe stattfand. Am Nachmittag wurde in der Stadtkirche ein feierlicher Trauergottesdienst abgehalten, an dem viele Menschen, nicht aber Goethe und sein Sohn August, teilnahmen. Es lässt sich denken, dass der Dichter es vermeiden wollte, verlogene Beileidsbekundungen von Weimarern entgegenzunehmen, die seiner Frau viele Jahre mit Missachtung und Gehässigkeiten begegnet waren. Da der Jakobsfriedhof 1818 geschlossen wurde, verschwanden die meisten Grabmale und Beerdigungsstätten. Auch Christianes Grab war lange Zeit verschollen, es wurde erst 1888 wieder ausfindig gemacht und mit einer Grabplatte versehen.

Und nun wollen wir noch die Sakristei der Jakobskirche besichtigen. Sie ist an der Ostseite der Kirche angebaut und war ursprünglich ebenfalls ein Erbbegräbnis. Die Sakristei ist älter als die heutige Kirche und aus mehreren Gründen besonders interessant. Hier liegt auch heute noch die Familie des Jenaer Bürgermeisters Wex, dessen Sohn eine Berufung als Kanzler nach Weimar erhielt, begraben. Sie diente aber auch als Ort, an dem sich Johann Wolfgang von Goethe und Christiane Vulpius am 19. Oktober 1806 durch Oberkonsistorialrat Günther trauen ließen. Die Trauung wurde in aller Stille vollzogen. Es waren nur fünf Personen anwesend: Goethe und Christiane und deren Sohn August, dessen Lehrer Friedrich Wilhelm Riemer und der Traupfarrer Günther. Eine Trauung in der Jakobskirche war zu diesem Zeitpunkt nicht möglich, da das Kirchenschiff zum Lazarett für verwundete Soldaten umfunktioniert worden war. Eine merkwürdige Vermählung: In der Kirche stöhnten die Verwundeten, in der Sakristei wurde geheiratet. Goethe wollte eine stille und heimliche Eheschließung, doch leider misslang dies völlig. Denn eine Woche nach den Ereignissen war in der »Weimarer Allgemeinen Zeitung« zu lesen: »Goethe ließ sich unter dem Kanonendonner der Schlacht mit seiner vieljährigen Haushälterin Dlle. Vulpius trauen, und so zog sie allein einen Treffer, während viele tausend Nieten fielen.« Gemein, oder?

Nun begeben wir uns noch in die Ostecke des Friedhofs zu unseren letzten Sehenswürdigkeiten, besonders gespannt können Sie sein auf die Geschichte von Schillers langem Todesweg. Auf dem Weg dorthin begegnen wir aber noch zwei weiteren Gräbern.

Der mit einem Gitter eingezäunte Sarkophag gehört einer Weimarer Schauspielerin, Christiane Amalie Louise Becker, geborene Neumann (1778–1797). Ihr Vater war Direktor einer Schauspielertruppe und unterrichtete sie von klein auf in der Schauspielkunst. Christiane gab bereits mit sechs Jahren ihr Debüt auf der Bühne und spielte verschiedene Kinderrollen. Mit fünfzehn Jahren heiratete sie den Regisseur und Schauspieler Heinrich Becker (1770–1822). Sie bekam schnell zwei Töchter, stand aber immer baldigst wieder auf der Bühne. Während des Sommers 1797 erkrankte sie bei einem Gastspiel in Lauchstädt, wahrscheinlich an Tuberkulose. Goethe nannte sie auch »Euphrosyne«, deren Rolle sie in dem Stück *Das Petermännchen* spielte und fühlte sich leidenschaftlich zu der verheirateten Frau hingezogen. In einem

Brief gesteht er einige Jahre später: »Ich habe 22 Jahre lang dem Theater vorgestanden, ohne mir eine Schwäche gegen eine Actrise zu verstatten, deren mehrere, besonders Euphrosyne es mir doch sehr nahe gelegt.« Sie wurde am 18. August 1797 zur Gesundung nach Hause geschickt und starb mit 18 Jahren an den Folgen ihrer Krankheit.

Hinter Christiane Beckers Grab sehen wir noch eine kannelierte, sich verjüngende hohe Grabsäule aus Sandstein mit einer Urne im Zopfstil als Bekrönung. Hier liegt Johann Franz August Zimmermann (1752–1774). Nomen est omen – sein Name war auch sein Beruf. Er starb mit 22 Jahren bei Rettungsarbeiten während des Schlossbrands 1774 in Weimar. Er war freiwilliger Feuerwehrmann und rettete dem Vernehmen nach 27 Menschen das Leben, bevor ihn beim Verlassen des Schlosses ein glühender Balken erschlug. Der Tote musste aus den Trümmern geborgen werden. Anna Amalia ließ die Bestattung ausrichten und die gesamte Bürgerschaft nahm daran teil. Alle Glocken der Stadt läuteten. Im Bestattungsbuch ist vermerkt: »Die ganze Stadt war auf den Beinen.« Sein Grabmal wurde vom Hofbildhauer Martin Gottlieb Klauer (1742–1801) geschaffen. Diese Stele ist durchaus bemerkenswert, da sie sehr aufwendig gestaltet ist. Bei seinem Stand als Zimmermann war eine solche Fertigung des Grabmals als absolute Ausnahme anzusehen, wohl ein Zeichen der Dankbarkeit, die ihm entgegengebracht wurde.

Doch nun, zum Abschluss, stehen wir vor Schillers erster Ruhestätte, dem Kassengewölbe. Dieses Mausoleum wurde im Jahre 1715 als privates Erbbegräbnis erbaut. 1742 ging es in den Besitz der Weimarer Landschaftskasse über, der Finanzbehörde. Hierdurch kam es zu dem Namen Kassengewölbe. In diesem Grabmal wurden adlige und verdienstvolle bürgerliche Verstorbene beerdigt, die über kein eigenes Erbbegräbnis verfügten.

Wir hatten Schiller verlassen, als sein Sarg gegen ein Uhr in der Früh auf dem Jakobsfriedhof ankam und man seine Totenlade vor diesem Gewölbe abstellte. Pforte und Falltür wurden geöffnet und Schiller samt Sarg ohne alles Gepränge in die Gruft hinabgelassen. Obwohl die Grabanlage eine geräumige Krypta für Beamte, Offiziere und Adlige war, munkelten Teile der Weimarer Bevölkerung schnell von einem Armenbegräbnis. In späteren Jahren wurde deshalb immer wieder gefordert, ihn aus der Totengruft zu exhumieren und endlich »anständig« zu begraben. Goethe hatte sogar schon ein Grabmonument für sich und seinen Freund Schiller entworfen. Schließlich ließ der Bürgermeister Weimars, Carl Leberecht Schwabe (1778–1851), am 13. März 1826 im Kassengewölbe nach den Überresten Schillers suchen. Zuerst sollte der Schädel des Dichters gefunden werden. Die Falltür wurde geöffnet, eine Leiter angestellt und die fünf anwesenden Diener stiegen in die Katakombe hinab. Wegen des in der Gruft vorherrschenden, großen Gestankes, der Feuchtigkeit und der Dunkelheit gelang es ihnen aber erst nach Überwindung großer Schwierigkeiten, unter dem Wirrwarr zerfallener Särge und vermoderter Überreste, alle 23 im Gewölbe befindlichen Totenschädel zu bergen. Schwabe ließ alle mittels eines Sackes in sein Haus bringen und zur Begutachtung auf seinem Schreibtisch aufstellen. Muss gut gerochen haben. Dort fiel seine Wahl auf den nicht nur größten, sondern auch wohlgeformtesten und am besten erhaltenen Schädel mit fast allen Zähnen. Auch einen Vergleich mit der Totenmaske Schillers wurde angestellt. Aber war er es wirklich? So fragwürdig Schwabes Methoden aus heutiger Sicht auch scheinen mögen, Großherzog Carl August und sein Minister Johann Wolfgang von Goethe waren zufrieden.

Fest steht: Den größten der Schädel zu nehmen war für die damalige Zeit nur logisch, war Schiller doch mit etwa 1,90 Metern außergewöhnlich groß gewachsen. Mehrere Monate verblieb der Totenschädel (Schillers?) dann in der Obhut des Bürgermeisters Schwabe, bevor er in die Großherzogliche Bibliothek – die heutige Herzogin Anna Amalia Bibliothek – gebracht wurde. Hier wurde er in einem sogenannten Piedestal, einem kleinen Schränkchen mit Tür, aufbewahrt. Erinnert ein wenig an eine Reliquie.

Und nun folgt die vielleicht sonderbarste Szene der deutschen Literaturgeschichte: Am 24. September 1826 betreten zwei Männer das Haus Goethes mit einer sehr makabren Last. Es ist Schillers Schädel. Er wurde auf Anweisung des Geheimrates aus der Bibliothek geholt. Goethe lässt ihn auf ein blaues Samtkissen betten, mit einer Glasglocke überwölben und stellt ihn auf seinen Schreibtisch. Der Dichter, der sonst jegliche unmittelbare Anschauung des Todes ängstlich zu vermeiden sucht, setzt sich hier, zwanzig Jahre nach Schillers Tod und sechs Jahre vor dem eigenen, der unmittelbaren Konfrontation mit der eigenen Vergänglichkeit aus. Schließlich ist dies, wie er in seinem großen Altersgedicht schreibt »Die gottgedachte Spur, die sich erhalten!«

Goethe zeigte den Schädel nur einmal einem anderen Menschen, seinem Freund Wilhelm von Humboldt, am 29. Dezember 1826. Kurze Zeit später schrieb Humboldt an seine Frau: »Heute Nachmittag habe ich bei Goethe Schillers Schädel gesehen. Goethe und ich – Riemer war noch dabei – haben lange davorgesessen, und der Anblick bewegt einen gar wunderlich.« Es ist schon merkwürdig, dass Goethe, der so große Scheu vor dem Tod hatte, dass er bei jeder Beerdigung von Belang fehlte und nicht einmal zur Beisetzung seiner Frau Christiane erschienen war, den Schädel seines Dichterfreundes monatelang bei sich aufbewahrte.

Und »ergriffen und wohl bewegt«, mit dem Schädel seines Freundes allein in seinem nächtlichen Arbeitszimmer, schrieb Goethe in feierlichen Terzinen folgendes Gedicht:

»… wie mich geheimnisvoll die Form entzückte!
Die gottgedachte Spur, die sich erhalten!
Ein Blick, der mich an jenes Meer entrückte,
Das flutend strömt. Gesteigerte Gestalten.
Geheim Gefäß! Orakelsprüche spendend,
Wie bin ich wert, dich in der Hand zu halten?
Dich höchsten Schatz aus Moder fromm entwendend
Und in die freie Luft, zu freiem Sinnen,
Zum Sonnenlicht andächtig hin mich wendend.
Was kann der Mensch im Leben mehr gewinnen,
Als daß sich Gott-Natur ihm offenbare?
Wie sie das Feste läßt zu Geist verrinnen,
Wie sie das Geisterzeugte fest bewahre.«

Bei Betrachtung von Schillers Schädel
Johann Wolfgang von Goethe 1826

Nach einem Jahr dann wurde in Goethe der Gedanke wach, auch die übrigen Gebeine Schillers aus dem Massengrab zu bergen, obwohl dies ein schwieriges Unterfangen war. Vor allem angesichts des mehrere Kubikmeter hohen Knochenschutts in dem beengten, unwirtlichen Kassengewölbe, das nur unter schlechter Kerzenbeleuchtung betreten werden konnte. Dazu herrschte akuter Sauerstoffmangel, hervorgerufen durch Fäulnis und Moder. Da Goethe über gute osteologische Kenntnisse verfügte, gelang es ihm, die vermeintlich zum Schädel passenden Gebeine unter den untereinander vermengten Knochen in der Gruft herauszufinden. Wie gehabt, die längsten Knochen mussten es sein. Nach langen Monaten der Aufbewahrung in der Bibliothek, im schon erwähnten Piedestal, wurde Schillers Schädel mit den übrigen Gebeinen jetzt endlich in der Fürstengruft beigesetzt.

Ein Jahr später, am 14. Juni 1828, starb der Weimarer Großherzog Carl August und vier Jahre später, am 22. März 1832, Goethe. Alle lagen nun vereint in der Fürstengruft und die Ordnung war wiederhergestellt, so wie es sein sollte. Doch wer glaubt, Schiller hätte danach endlich die letzte Ruhe gefunden, der irrt! Leider.

Im Jahr 1883 untersuchte ein Dr. Hermann Welcker, Professor der Anatomie, Schillers Totenmaske und den Gipsabguss des von Schwabe geborgenen Schädels. Er kam zu dem aufsehenerregenden Ergebnis, dass der in der Fürstengruft beigesetzte Schädel nicht der echte sein konnte. Warum, ließ er allerdings unklar. Durch diese Aussage wurde natürlich auch die Echtheit der im Sarkophag liegenden Gebeine in Frage gestellt. Doch da man es nicht genau wusste und wohl auch kein Aufsehen erregen wollte, beließ man die Knochen in der Gruft. Es folgte ein wahrer Gelehrtenstreit, der zur Folge hatte, dass der Schädelexperte Prof. Dr. August von Froriep im Jahr 1911 die endgültige Klärung bringen wollte. Er ließ Nachgrabungen auf dem Jakobsfriedhof vornehmen. Genau an der Stelle, an der einst das Kassengewölbe gestanden hatte, das 1854 abgerissen und zugeschüttet worden war. Das heutige Gebäude ist eine Rekonstruktion. Unter den geborgenen Gebeinen und 63 Schädeln glaubte Froriep, nun endlich den richtigen Schädel Schillers gefunden zu haben. Um seinen Fund zu beweisen, setzte er dem Totenkopf einen Lederhut auf, den Schiller oft getragen hatte. Er passte! Das war der Beweis. Daraufhin wurden der jetzt sogenannte »Froriep-Schädel« und das dazugehörige Skelett in einem einfachen, schwarzen Holzsarg ebenfalls in der Fürstengruft beigesetzt. Schiller hatte jetzt also zwei Skelette und zwei Schädel. Und warum auch nicht, der heilige Adalbert hat sogar drei.

1961 wurden die Totenschreine mit den vermeintlichen Schiller-Gebeinen dann erneut geöffnet, da Feuchtigkeitsschäden aufgetreten waren. Der Anthropologe Herbert Ullrich versuchte nun, gemeinsam mit dem Moskauer Professor Michail M. Gerassimow, eine Gesichtsrekonstruktion durchzuführen. Weimars Bedingung für die Untersuchung war jedoch absolutes Stillschweigen. Wenn herauskäme, dass beide Schädel falsch wären, sollte niemand etwas davon erfahren!

Die beiden Experten erkannten schnell, dass der »Froriep-Schädel« weiblich war. Heute weiß man auch, wem der Schädel gehörte, nämlich Luise von Göchhausen, der Retterin des *Urfaust*. Wie Froriep die nur etwa 1,50 Meter große Hofdame, die zudem auch noch einen Buckel hatte, mit dem 1,90 Meter großen Schiller verwechseln konnte, wird allerdings ein ewiges Rätsel bleiben.

Der Schädel im zweiten Sarg allerdings passte sehr wohl zur Totenmaske. Als Gerassimow das Gesicht modellierte, stellte er eine beachtliche Ähnlichkeit zu Schiller fest. Wahrscheinlich hatte er ihn noch gekannt. Man ging davon aus, dass es sich mit größter Wahrscheinlichkeit um den echten Schädel handelte. Zeitzeugen hatten zudem berichtet, dass Schiller ein makelloses Gebiss gehabt haben soll. Auch dieses war hier vorhanden und früher sehr ungewöhnlich, denn damals hatte fast niemand mit 45 Jahren noch alle Zähne. Zahnreinigung und Mundhygiene waren noch nicht erfunden. Hatte man ihn nun endlich, den Schiller?

Nein, immer noch war man ganz am Anfang, denn wirkliche Gewissheit über die Identität der beiden Skelette in der Fürstengruft konnte nur ein DNA-Test bringen. Um dies zu klären, wurde 2007 die Aktion »Der Friedrich-Schiller-Code« im Auftrag des Mitteldeutschen Rundfunks und der Klassik Stiftung Weimar durchgeführt. Ein groß angelegtes Forschungsprojekt, in dessen Rahmen geklärt werden sollte, ob wenigstens einer der beiden als Schillerschädel bezeichneten Totenköpfe in der Weimarer Fürstengruft wirklich zu Schiller gehört. Vielleicht gehörten aber auch beide ihm? Es herrschte größte Verwirrung.

Denn auch nach diversen Exhumierungen naher sowie entfernter Verwandter des Dichterfürsten stellte sich den Forschern ein unklares Bild dar. Man kam zu dem Schluss, dass »wenn der Fürstengruft-Schädel von Schiller sein sollte, [...] Schiller nicht der Sohn seiner

Mutter gewesen sein [konnte]«. »Zudem wären seine Söhne Carl und Ernst Kuckuckskinder von demselben Liebhaber ihrer Mutter.« Dieser aber, so der Genealoge Ralf G. Jahn, müsse dann der Sohn eines Verwandten ersten Grades von Schillers Schwester Christophine gewesen sein. Alles sehr unwahrscheinlich.

Leider kam man nach diversen Tests im Frühjahr 2008 zu dem Ergebnis, dass keiner der beiden Schädel dem Dichter zugeordnet werden konnte. Aufwendige DNA-Analysen der Gebeine von Schillers Schwestern und der Vergleich dieser Erbanlagen mit der aus den Zähnen der beiden Fürstengruft-Schädeln gewonnenen DNA brachte dies zutage. Zeitgleich fand aber auch eine erneute, computergestützte Gesichtsrekonstruktion an dem bisher als authentisch geltenden Schädel statt. Hier konnte das vermeintliche Gesicht Schillers rekonstruiert werden. Da die von zwei unabhängigen Laboren durchgeführten DNA-Analysen jedoch in ihrem Ergebnis als eindeutig gelten, wird dem Ergebnis der Gesichtsrekonstruktion keine Beachtung geschenkt. Das bisher in Schillers Sarg befindliche Skelett wurde ebenfalls untersucht, seine Teile können mindestens drei verschiedenen Personen zugeordnet werden; die DNA der Schillerschädel stimmt aber ebenfalls nicht mit der DNA der Skelettteile überein. Die Klassik Stiftung Weimar hat sich daraufhin entschlossen, Schillers Sarg leer in der Fürstengruft zu belassen. Ein sogenannter Kenotaph, ein Scheingrab. Nach Schillers wahrem Schädel soll vonseiten der Stiftung nicht mehr gesucht werden.

Doch wie kam ein Schädel in die Fürstengruft, der Schillers Kopf zum Verwechseln ähnelt, genetisch aber überhaupt nicht passt? Kurz vor Abschluss des aufwendigen Forschungsprojekts kam unter den Experten ein schlimmer Verdacht auf: Wurden Schillers Schädel und sein Skelett von Grabräubern gestohlen und die echten Relikte durch ein Double ersetzt? Auf diese Ungeheuerlichkeit deutet auch die Analyse des Gebisses des Schwabe-Schädels hin. Offenbar wurden Zähne im Kiefer des Schädels sehr fachmännisch ausgetauscht, damit das Zahnbild dem des Dichters ähnelt. Oder hat Goethe den Schädel ausgetauscht, als er sich in seinem Besitz befand? Auch die beauftragten Wissenschaftler der Universität Freiburg haben die Suche nach dem echten Schädel nach umfangreichen Untersuchungen der Schädel-Sammlung in der Eberhard Karls Universität Tübingen ergebnislos beendet. Fragen und Vermutungen gibt es also genug, doch bewiesen ist nichts. Aber wer weiß? Vielleicht werden zukünftige Generationen neue Ansätze zur Identifikation finden. Oder der Zufall hilft.

So bleiben nur die Werke Schillers erhalten, der Rest verliert sich im Dunkeln der Wirrungen der Geschichte. Die uralte, rudimentäre Robinie vor dem Kassengewölbe rechts ist vermutlich der letzte Zeitzeuge des Schiller'schen Begräbnisses und der nachfolgenden Ereignisse.

Der arme Schiller. Erst zwei Schädel und zwei Skelette, nun keines mehr. Nur eines ist sicher. Er ist tot. Aber wir danken ihm für seine schönen Werke und die Geschichten, die es über ihn zu erzählen gibt.

»Ein ärmlich düster brennend Fackelpaar, das Sturm
Und Regen jeden Augenblick zu löschen droht.
Ein flatternd Bahrtuch. Ein gemeiner Tannensarg
Mit keinem Kranz, dem kargsten nicht, und kein Geleit!
Als brächte eilig einen Frevel man zu Grab.
Die Träger hasteten. Ein Unbekannter nur
Von eines weiten Mantels kühnem Schwung umweht,
Schritt dieser Bahre nach. Der Menschheit Genius war's.«

Schillers Bestattung
Conrad Ferdinand Meyer 1892

Meine lieben Leser und Leserinnen, hiermit ist unser Rundgang beendet und ich bedanke mich bei Ihnen für Ihre Aufmerksamkeit. Ich hoffe, Sie hatten Spaß und Freude, manchmal ein heimliches Gruseln, und haben viel über Weimar und seine illustren Bewohner gelernt.

Und jetzt haben Sie sich aber endlich auch einen Kaffee oder ein Bier verdient!

NACHBEMERKUNG DES AUTORS

Weimar ist ein Phänomen. Selbst in Zeiten, da unser Leben zunehmend digitalisiert und optimiert wird, erfreut sich das 1000 Jahre alte Weimar ungebrochener Beliebtheit. So ist es auch mit dem Schreiben. Die meisten Mitmenschen betrachten das Verfassen von Texten als eine einsame Beschäftigung. Dem ist nicht so. Ich habe zum Glück reichlich Hilfe von den verschiedensten Freunden und Bekannten bekommen und musste oft raus in die Stadt.

Deshalb allen ein großes Dankeschön, die zu *Der Stadtverführer* beigetragen haben.

Besonderes Lob gilt meiner Familie, die mich unterstützte. Auch meinen Kollegen danke ich sehr, sie berieten mich und beantworteten unzählige Fragen. Anerkennung gilt aber auch dem Knabe-Verlag, der das Risiko eingegangen ist, dieses Werk zu verlegen und mit mir zu arbeiten, besonders dem Verleger Steffen Knabe und meiner Lektorin Anja Puse, die mich zum Glück immer wieder verbessert und angespornt hat.

Aber vor allem Ihnen, meinen Lesern, danke ich, denn Sie blättern und schmökern sich durch meine Geschichten. Eine dicke Umarmung für Sie. Und Sie haben Recht, dies ist kein wissenschaftliches Buch, es will vor allem unterhalten und auf unnachahmliche Weise informieren. Falls mir das gelungen ist, freut es mich. Wenn nicht, werfen Sie es aus dem Fenster.

Und für die Weimarer Persönlichkeiten gilt: Sterben ist nur der Übergang aus dieser Welt in eine andere, denn sie leben in uns fort. Goethe, Schiller, Herder, Wieland, Liszt oder Bach und Carl August – sie sind uns immer noch gegenwärtig. Auch wenn sie von uns durch den Tod getrennt sind, so haben wir doch den Trost, dass sie uns unvergessen bleiben, weil sie unsterblich sind.

»Heute geh ich. Komm ich wieder,
Singen wir ganz andre Lieder.
Wo so viel sich hoffen läßt,
Ist der Abschied ja ein Fest.«

Johann Wolfgang von Goethe 1827

Jürgen Bens
Weimar, den 12. Juni 2017, 16.53 Uhr. Die Sonne scheint.

NOCH EIN ANHANG

DER ZWIEBELMARKT IN WEIMAR

Der Zwiebelmarkt – mundartlich auch Zippelmarkt – ist ein besonderes Highlight in Weimar und sollte hier noch entsprechend gewürdigt werden. Es handelt sich um ein uraltes Volksfest, welches die Stadt jedes Jahr, in der zweiten Oktoberwoche von Freitag bis Sonntag, in ein Tollhaus verwandelt. Eine Woche vor dem Fest wird eine Zwiebelmarktkönigin gekrönt und mit dem traditionellen Zwiebelkuchenanschnitt wird der Zwiebelmarkt freitags um 12 Uhr offiziell eröffnet. Weimar hat etwa 66 000 Einwohner, doch an diesen drei Tagen kommen an jedem Festtag noch über 100 000 Besucher dazu. Und alles spielt sich in der sowieso schon engen Altstadt ab. Sie können sich das Geschiebe und Gedränge vorstellen.

Ursprünglich fand der Zwiebelmarkt nur auf dem Frauenplan vor Goethes Wohnhaus, auf dem Markt und in der heutigen Schillerstraße statt, mittlerweile erstreckt er sich jedoch über die gesamte Altstadt. Auf mehreren großen und vielen kleinen Bühnen bieten ca. 500 Künstler verschiedene Programme an und etwa 600 Stände laden zum Essen und Einkaufen ein. Künstler aus aller Welt treffen sich, um Musik und Klamauk zu inszenieren, Feuerwerk, Riesenrad, Mittelaltermarkt, ein Europäisches Dorf und ein inzwischen fest integrierter

Stadtlauf gehören dazu. Auch mit den Öffnungszeiten werden Rekorde gebrochen. Das quirlige Treiben beginnt in Teilen der Stadt bereits vor 6 Uhr morgens und endet 2 Uhr in der Nacht.

Manchmal aber auch noch nicht.

Erstmals schriftlich erwähnt wurde der »Viehe- und Zippelmarckt« 1653. Damals zählte Weimar noch etwa 5000 Einwohner. Weimarer und Menschen aus der Umgebung deckten sich mit einem Wintervorrat an Zwiebeln und Gemüse ein. 1872 wurde die erste eigene Marktordnung erlassen. Und auch Goethe war in besonderer Weise mit dem Markt verbunden. Hierfür gibt es viele Beispiele, so ließ er oftmals gekaufte Zwiebelrispen an seinem Schreibtisch befestigen, schmückte sein Haus mit ihnen und lobte die gesundheitsfördernde Wirkung der Zwiebel.

Über die Jahrhunderte hinweg ist der Weimarer Zwiebelmarkt nur einige wenige Male ausgefallen. Zum Beispiel war während des Zweiten Weltkrieges bis 1949 gar nicht an den Zwiebelmarkt zu denken. Allerdings sollte der Markt, nachdem diese Jahre überstanden waren, wiederbelebt werden. Damit dies gelingen konnte, verzichtete Weimar 1949 sogar auf die Standgebühren. Zwiebeln suchte man aber noch vergeblich. Im Oktober 1806 musste das Fest auch schon einmal verschoben werden. Die Schlacht bei Jena und Auerstedt unter Napoleon verhinderte durch die Kampfhandlungen den Warenhandel. Einen Monat später wurde der Markt aber nachgeholt – es gab nur leider keine Zwiebeln mehr. Goethe notierte in sein Tagebuch: »Zwiebelmarkt ohne Zwiebeln.«

Das begehrteste Mitbringsel vom Zwiebelmarkt sind die Zwiebelrispen oder -zöpfe, welche in monatelanger Handarbeit in der Stadt Heldrungen gewickelt werden.

Zwiebelzöpfe

32 000 Zwiebelrispen wurden beispielsweise 1970 verkauft – immerhin 100 Tonnen Zwiebeln. Heute sind es mindestens zehnmal so viele. Zu DDR-Zeiten waren die begehrten Rispen aber schon am frühen Vormittag vergriffen oder wurden »unter der Hand« verkauft. Zu den Attraktionen gehört seit 1965 auch das Zwiebelinchen. Die »Neue Weimarer Zeitung« rief mit der Kommission für Fremdenverkehr einen öffentlichen Wettbewerb aus, welcher der Stadt Weimar ein ansprechendes wie typisches Souvenir bescheren sollte. Nach einem Entwurf

bastelte eine Erzieherin mit ihren Kindern im Tiefurter Hort die heutigen Zwiebelinchen für den Verkauf. Etwas später bekam unser Zwiebelinchen noch einen Zwiebel-Jungen, der »Zippel« heißt, als Begleiter.

1971 sollte der Zwiebelmarkt in »Sozialistisches Erntefest« umgetauft werden, das ist aber ebenso wenig gelungen, wie ungeplante Auftritte von Musikern in den Straßen zu unterbinden. Die DDR-Oberen beschränkten das Fest seinerzeit auf nur einen Tag, da ihnen unkontrollierte Massenansammlungen ein Gräuel waren. Aus diesem Grund durfte damals auch nicht jeder den Markt besuchen. Ausgeschlossen waren die »dekadent negativen Tramper«, zu erkennen an schmutziger und zerrissener Kleidung. Und vor allem Punker und andere »Alternative«. Sie bekamen während des Marktes Hausarrest, Wiesen im Park wurden von der Feuerwehr gewässert, damit sich niemand darauf niederlassen konnte. Bahnhöfe und Straßen wurden überwacht, missliebige Personen in der Bahnhofshalle festgesetzt. Man verlud sie auf einen Lkw, brachte sie zum Polizeirevier und verhörte sie. Der Verdacht lautete: »Bildung einer feindlichen Gruppierung«.

Um Sie zu beruhigen – heute ist das nicht mehr so.

Nach der Wiedervereinigung dehnte man den Markt auf drei Tage aus. Jährlich geht es seitdem gleichermaßen zu: Anfang September beginnen die Heldrunger Zwiebelbauern bereits, tausende Zwiebelrispen zu wickeln. Zweifarbig, klein oder extra lang – sie sind bei Einheimischen wie Touristen gleichermaßen beliebt. An rund 100 Ständen werden Zwiebelrispen, Trockensträuße und Zwiebelinchen verkauft. Insgesamt ist das Markttreiben heute auf 600 Stände angewachsen.

Leider fällt heute aber auch manches dem Kommerz anheim, so werden Bierstände an die Meistbietenden versteigert, rund um den Markt gibt es Brauchbares und Unbrauchbares zugleich und die Preise für Essen, Trinken und die Übernachtung steigen ins Exorbitante. Nicht so schlimm wie beim Oktoberfest in München, aber immerhin. Was den Weimarer Zwiebelmarkt gegenüber dem erst 1810 gegründeten Münchener Oktoberfest positiv abhebt, ist einerseits die Verpflichtung der viel längeren Tradition gegenüber und zum anderen die viel familiärere Wirkung unseres Marktes. Und übrigens, München ist nur 16 Kilometer von Weimar entfernt. Glauben Sie nicht? Schauen Sie mal auf einer Straßenkarte nach.

Besuchen Sie den Zwiebelmarkt also fleißig, genießen Sie die Atmosphäre, essen und trinken Sie zu viel, lauschen Sie der Musik und schieben Sie sich durch die Massen. Es lohnt sich!

QUELLENNACHWEISE

Abusch, Alexander (Hrsg.): Friedrich Schiller. Gesammelte Werke. Aufbau-Verlag, Berlin 1955. (Bd. 1: Gedichte).

Bartholomäus, Friedrich (Hrsg.): Das große deutsche Anekdoten-Lexikon. Verlag von Fr. Bartholomäus, Erfurt 1843/44.

Bäte, Ludwig: Weimar. Antlitz einer Stadt. Gustav Kiepenhauer Verlag, Weimar 1965.

Benndorf, Paul: Weimars denkwürdige Grabstätten. H. Haessel Verlag, Leipzig 1924.

Beutler, Ernst; Kippenberg, Anton; Wahl, Hans: Goethe und seine Welt. Insel-Verlag, Leipzig 1932.

Braun, Hannes: Hier irrt Goethe – unter anderen. Eine Lese von Anachronismen von Homer bis auf unsre Zeit. Heimeran, München 1937.

Das Schillerhaus in Weimar. Faltblatt. Weimar 1924.

Deetjen, Werner: Die Göchhausen. Briefe einer Hofdame aus dem klassischen Weimar. Verlag E.S. Mittler & Sohn, Berlin 1923.

Eckermann, Johann Peter: Gespräche mit Goethe in den letzten Jahren seines Lebens. Brockhaus, Leipzig 1836-1848.

Froriep, August von: Schädel, Totenmaske und lebendes Antlitz des Hoffräuleins Luise von Göchhausen. Barth, Leipzig 1917.

Grimm, Hermann: Goethes Freundschaftsbund mit Schiller. Leipzig 1969.

Goethe, Johann Wolfgang von: Faust I, Faust II, Wilhelm Meister, Dichtung und Wahrheit, Iphigenie auf Tauris, Egmont, Götz von Berlichingen, Herrmann und Dorothea, Die Leiden des jungen

Werther, Torquato Tasso, Wanderers Nachtlied, Annalen, Annettenlieder, Die Laune des Verliebten, Sesenheimer Lieder, Römische Elegien, Einsamkeit, Das Tagebuch, Marienbader Elegie.

Hettner, Hermann: Bode, Johann. In: Allgemeine Deutsche Biographie. Duncker & Humblot, Leipzig 1875. (Bd. 2).

Hofer, Klara: Goethes Ehe. Cotta-Verlag, Stuttgart [u.a.] 1922.

Hufeland, Christoph Wilhelm: Der Scheintod, oder Sammlung der wichtigsten Thatsachen und Bemerkungen darüber, in alphabetischer Ordnung mit einer Vorrede. Matzdorf, Berlin 1808.

Hufeland, Christoph Wilhelm: Journal der practischen Heilkunde. Academische Buchhandlung [u.a.], Jena [u.a.] 1833.

Kuhn, Karl: Aus dem alten Weimar. Bergmann, Wiesbaden 1905.

Kühn, Paul: Die Frauen um Goethe. Klinkhardt & Biermann, Leipzig 1897.

Kühnlenz, Fritz: Erlebtes Weimar. Heimatgeschichtliche Wanderung durch die Goethe- und Schillerstadt. Greifenverlag, Rudolstadt 1958.

Lienhard, Friedrich: Wege nach Weimar. Greiner und Pfeiffer, Stuttgart 1911.

Lüdecke, Heinz: Lucas Cranach der Ältere. Der Künstler und seine Zeit. Henschelverlag, Berlin 1953.

Sander, Heinrich: Beschreibung seiner Reisen durch Frankreich, die Niederlande, Holland, Deutschland und Italien. Jacobäer, Leipzig 1784. (Bd. 2).

Schlegel, August Wilhelm; Schlegel, Friedrich (Hrsg.): Athenaeum. Jena 1798–1800.

Schramm-MacDonald: Göchhausen, Louise. In: Allgemeine Deutsche Biographie. Duncker & Humblot, Leipzig 1879. (Bd. 9). S. 303–305.

Schwab, Gustav: Schillers Leben in drei Büchern. Stuttgart 1840. Verlag S. G. Liesching, Stuttgart 1840.

Storm, Theodor: Sämtliche Werke in vier Bänden. Aufbau Verlag, Berlin, Weimar 1978. (Bd. 4).

Veil, Wolfgang: Schillers Krankheit. Leipzig 1936. Johann Ambrosius Barth Verlag, Leipzig 1936.

Vogel, Karl: Die letzte Krankheit Goethe's. Nebst einer Nachschrift von C. W. Hufeland. In: Journal der practischen Heilkunde. Jena 1833. S. 3–32.

Weilguny, Hedwig; Vulpius, Wolfgang: Das Schillerhaus in Weimar. Goethe-Nationalmuseum und klassische Stätten, Weimar 1955.

Wolzogen, Caroline von: Schillers Leben. Verfasst aus Erinnerungen der Familie, seinen eigenen Briefen und den Nachrichten seines Freundes Körner. J. G. Cotta, Stuttgart 1830.

Internetquellen:

Wikipedia.de

3. Auflage Oktober 2024

Imprint des Knabe Verlag Weimar

ILLUSTRATIONEN
»Ehringsdorfer Urmensch«: Hans Wiegandt
Alle weiteren Illustrationen: Anja Puse

Umschlaggestaltung: Uwe Adler
Satz und grafische Gestaltung: Johanna Ozou
Lektorat: Anja Puse
Korrektorat: Nina Mues, Linda Volk
Druck und Bindung: Abedik Druckerei, Polen

Printed in Europe
ISBN 978-3-946553-01-4

www.tourist-verlag.de